現代会計の基礎と応用

郡司 健 著

中央経済社

はしがき

　わが国の現代会計においては，国際会計基準とのコンバージェンス（収斂）を目指してさまざまな新たな会計基準が公表されている。そのなかには，これまでの伝統的な会計処理や基礎にある会計思考に大きな変更を迫るものも多い。しかし，同時にまた伝統的会計的側面も多く残されていることも確かである。

　不易と流行という考え方がある。理論というものは不易を重視することはもちろん重要である。しかし実践科学である会計学は，流行もまたその視野におさめなければならない。

　本書は，目まぐるしく変わる現代会計の諸相について，その基礎から応用を含めて平易かつ具体的に説明しようとするものである。それはまた，前二拙著『財務諸表会計の基礎』および『現代財務会計のエッセンス』に対して最近の会計基準の変化を取り込んだ，いわば改訂版の役割を果たすものでもある。

　本書もまた恩師阪本安一博士の学説に大きく依拠しており，先生から賜った学恩に心から深く感謝する次第である。

　本書が，会計学の基礎を学ぼうとする人，検定試験さらに税理士試験や公認会計士試験を志す人々にとって，会計学とくに財務会計の基礎と応用についての理解に役立つならば幸いである。

　本書の出版にあたっては，中央経済社社長・山本継氏はじめ同社の方々とくに学術書編集部の田邉一正氏にはひとかたならぬご助力をいただいた。このことに心から厚くお礼申し上げたい。

2019年1月

郡司　健

目　次

第1章　会計の基礎 ——————————————— 1

I　会計と簿記 ………………………………………………………… 1
1　会計と簿記 ………………………………………………………… 1
2　情報処理の中核的手段としての簿記 ………………………… 1
3　基本的な会計報告書——貸借対照表・損益計算書 ……… 2

II　現代会計の基本領域 …………………………………………… 6
1　現代会計の基本領域 …………………………………………… 6
2　商業簿記と工業簿記 …………………………………………… 7
3　財務会計・管理会計・会計監査 ……………………………… 7
4　伝統的会計と現代会計 ………………………………………… 8

III　現代の制度会計 ………………………………………………… 9
1　制度会計 …………………………………………………………… 9
2　公正妥当な企業会計の慣行としての制度会計 …………… 10
3　国際会計基準への対応 ………………………………………… 11

第2章　簿記会計の基本構造 ——————————— 13

I　簿記の基本原理 …………………………………………………… 13
1　勘定式計算 ………………………………………………………… 13
2　加法性と貨幣的測定 …………………………………………… 14
3　簿記会計の基本的前提と会計公準 ………………………… 15

II　複式簿記と財務諸表の誘導 …………………………………… 16
1　複式簿記の記帳法則——仕訳と勘定記入のルール ……… 16
2　仕訳と勘定記入——取引事例 ………………………………… 19
3　勘定記録の集計と合計残高試算表 ………………………… 22
4　残高試算表から貸借対照表・損益計算書の作成 ………… 22
5　精算表 ……………………………………………………………… 23

第3章 損益計算書の基本構造 ……… 25

- Ⅰ 損益計算書の本質と区分 ……… 25
  - 1 利益計算の2方法と期間損益計算 ……… 25
  - 2 損益計算書の本質 ……… 26
  - 3 損益計算書の区分 ……… 26
- Ⅱ 営業損益の計算 ……… 27
  - 1 営業活動と収益・費用の計算 ……… 27
  - 2 営業収益・営業費用の計算処理 ……… 28
  - 3 販売費及び一般管理費 ……… 29
- Ⅲ 営業外損益・特別損益・当期純利益の計算 ……… 29
  - 1 営業外損益の計算 ……… 29
  - 2 特別損益の計算 ……… 29
  - 3 当期純利益の計算 ……… 30
  - 4 収益・費用の分類と区分 ……… 30
- Ⅳ 費用・収益の記録──認識・測定・分類 ……… 31
  - 1 費用・収益の認識 ……… 32
  - 2 費用・収益の測定 ……… 33
  - 3 費用・収益の分類 ……… 33
  - 4 会計上の認識・測定・分類とその基準 ……… 34
  - 5 取得原価主義と混合測定 ……… 34

第4章 収益・費用の会計 ……… 35

- Ⅰ 収益の会計 ……… 35
  - 1 収益の認識と実現主義 ……… 35
  - 2 特殊販売契約と実現主義の例外的適用 ……… 36
  - 3 収益認識と発生主義 ……… 37
- Ⅱ 新しい収益認識会計基準 ……… 38
  - 1 契約を伴う収益認識会計基準の設定 ……… 39

		2	支配と「検収」基準 ··	39

　　　　2　支配と「検収」基準 ·· 39
　　　　3　収益認識のステップ ·· 41
　　　　4　各種給付提供契約(義務)に相当する収益認識 ················ 42
　　　　5　収益認識会計基準の影響 ·· 46
　　Ⅲ　費用の会計 ·· 47
　　　　1　発生主義による費用の認識 ·· 47
　　　　2　費用配分と棚卸資産・固定資産 ···································· 48
　　　　3　半発生主義(取替法)による費用の認識 ························ 49
　　Ⅳ　現代企業会計と発生主義会計 ··· 49
　　　　1　発生主義会計への進展 ·· 49
　　　　2　発生主義会計 ··· 51

第5章　貸借対照表の基本構造 ─── 53

　　Ⅰ　貸借対照表の2類型 ·· 53
　　　　1　財産貸借対照表 ·· 53
　　　　2　決算貸借対照表 ·· 54
　　　　3　情報提供目的(現代会計)と決算貸借対照表 ················· 56
　　Ⅱ　貸借対照表の本質と区分 ·· 58
　　　　1　貸借対照表の本質と区分 ·· 58
　　　　2　資産の分類 ·· 59
　　　　3　負債および純資産の本質と区分 ·································· 60
　　　　4　貸借対照表の区分・配列 ·· 61

第6章　資産の会計 ─── 63

　　Ⅰ　資産の本質と分類 ·· 63
　　　　1　資産の本質 ·· 63
　　　　2　資産の分類 ·· 63
　　Ⅱ　流動資産 ··· 64

	1	当座資産等	64
	2	棚卸資産	65
	3	その他の流動資産	69
III	固定資産		70
	1	有形固定資産とその取得原価	70
	2	有形固定資産と費用配分——減価償却	70
	3	無形固定資産	76
	4	投資その他の資産	78
IV	繰延資産		78
	1	繰延資産の性格	78
	2	繰延資産の償却	79
V	現代会計と資産計上項目の拡張		79

第7章　負債・純資産の会計　——　81

I	貸借対照表負債・純資産		81
	1	負債の本質と区分	81
	2	純資産の本質と区分	81
II	負債の会計		82
	1	負債の分類	82
	2	流動負債	82
	3	固定負債	83
	4	引当金	85
	5	特別法上の準備金	87
	6	偶発債務	87
III	株主資本の会計		88
	1	株主資本の分類	88
	2	資本金と資本剰余金	88
	3	利益剰余金	90
	4	資本金・準備金の増加・減少	91

5　その他資本剰余金と自己株式の処分 ……………………… 92
　　　6　剰余金の配当 ……………………………………………… 92
　Ⅳ　評価・換算差額等・株式引受権・新株予約権 …………… 94
　　　1　評価・換算差額等 ………………………………………… 94
　　　2　株式引受権および新株予約権 …………………………… 94

第8章　財務諸表の基本原則 ― 95

　Ⅰ　企業会計の一般原則 ……………………………………… 95
　　　1　企業会計原則の構成 ……………………………………… 95
　　　2　企業会計の一般原則 ……………………………………… 96
　　　3　会計原則・会計基準と現代会計 ………………………… 98
　Ⅱ　損益計算書の基本原則 …………………………………… 99
　　　1　完全性（網羅性）の原則と費用収益対応の原則 ………… 99
　　　2　費用・収益の認識 ……………………………………… 100
　　　3　費用・収益の測定と収支主義（収支的評価）の原則 …… 100
　　　4　費用・収益の分類と費用収益対応表示の原則 ………… 101
　　　5　総額表示と純額表示 …………………………………… 101
　　　6　費用配分の原則 ………………………………………… 102
　Ⅲ　貸借対照表の基本原則 ………………………………… 102
　　　1　誘導法と貸借対照表完全性（網羅性）の原則 ………… 102
　　　2　貸借対照表における認識・測定・分類 ………………… 103
　　　3　貸借対照表分類と区分・配列・表示の原則 …………… 103
　　　4　貸借対照表能力の原則 ………………………………… 105
　　　5　貸借対照表評価の原則 ………………………………… 105
　　　6　費用配分の原則 ………………………………………… 107

第9章 財務諸表の作成 ─── 109

- I 会社法会計と個別財務諸表 ･･ 109
  - 1 制度会計と個別財務諸表 ･･ 109
  - 2 会社法会計と開示 ･･･ 109
  - 3 会社法会計と計算書類 ･･ 110
- II 財務諸表の内容 ･･･ 111
  - 1 貸借対照表 ･･ 111
  - 2 損益計算書 ･･ 113
  - 3 株主資本等変動計算書 ･･ 113
  - 4 会計上の変更および誤謬の訂正 ･･･････････････････････････････････ 117
  - 5 注記表 ･･･ 118

第10章 連結財務諸表の基礎 ─── 119

- I 連結財務諸表の体系と連結の範囲 ･･････････････････････････････････････ 119
  - 1 連結財務諸表の体系 ･･･ 119
  - 2 連結範囲──親会社・子会社の決定と支配力基準 ･･････････････････ 120
- II 連結貸借対照表 ･･ 121
  - 1 連結貸借対照表の作成 ･･ 121
  - 2 非支配株主持分 ･･･ 121
  - 3 関連会社と持分法 ･･ 122
  - 4 表示方法 ･･･ 123
- III 連結損益及び包括利益計算書 ･･ 125
  - 1 連結損益及び包括利益計算書 ･････････････････････････････････････ 125
  - 2 連結会社相互間の取引高の相殺消去 ･･････････････････････････････ 125
  - 3 未実現損益の消去 ･･ 125
  - 4 表示方法 ･･･ 126
- IV 連結株主資本等変動計算書 ･･ 127
- V 簡単な連結財務諸表作成例 ･･ 130

	VI　純粋持株会社と連結財務諸表・セグメント報告 ………………… 134
	1　純粋持株会社 ……………………………………………… 134
	2　セグメント情報 ……………………………………………… 135

第11章　キャッシュ・フロー計算書 ……………………… 137

I　キャッシュ・フロー計算書の意義と内容 ………………………… 137
　1　キャッシュ・フロー計算書の意義 ………………………… 137
　2　キャッシュ・フロー計算書とキャッシュの概念 ………… 139
　3　キャッシュ・フロー計算書の表示区分 …………………… 139
　4　キャッシュ・フロー計算書の表示方法 …………………… 140

II　キャッシュ・フロー計算書の作成・表示 ………………………… 143
　1　基礎データ ……………………………………………………… 143
　2　直接法の場合の処理 ………………………………………… 144
　3　間接法の場合の処理 ………………………………………… 146
　4　直接法と間接法との比較 …………………………………… 148
　5　キャッシュ・フロー計算書の作成と役立ち ……………… 148
　6　連結財務諸表の相互関連性 ………………………………… 149

第12章　応用会計 ……………………………………………… 151
　　　　――税効果・金融商品・外貨換算会計の概要

I　税効果会計 ………………………………………………………… 151
　1　税効果会計の目的 …………………………………………… 151
　2　一時差異等の認識 …………………………………………… 152
　3　繰延税金資産, 繰延税金負債, 法人税等調整額 ………… 152
　4　連結税効果会計 ……………………………………………… 155

II　金融商品の会計 …………………………………………………… 155
　1　金融商品 ……………………………………………………… 155
　2　受取手形・売掛金等の金銭債権 …………………………… 155

3　有価証券 ………………………………………………………………… 158
　　　4　社債の発行と償却原価法（利息法）……………………………………… 158
　　　5　デリバティブ取引とヘッジ会計 ………………………………………… 160
　Ⅲ　**外貨換算会計** ……………………………………………………………… 162
　　　1　外貨建取引発生時の処理 ………………………………………………… 162
　　　2　決算時の処理 ……………………………………………………………… 163
　　　3　決済に伴う損益の処理 …………………………………………………… 164
　　　4　在外支店の財務諸表項目 ………………………………………………… 165
　　　5　在外子会社の財務諸表項目の換算 ……………………………………… 166

第13章　現在価値と公正価値 ── 167

　Ⅰ　**現代会計と現在価値測定** ………………………………………………… 167
　Ⅱ　**減損会計** …………………………………………………………………… 168
　　　1　固定資産の減損評価 ……………………………………………………… 168
　　　2　対象資産と具体的処理 …………………………………………………… 169
　Ⅲ　**リース会計の基礎** ………………………………………………………… 170
　　　1　リース取引の貸借対照表計上 …………………………………………… 170
　　　2　リース取引の会計処理——借手側の処理 ……………………………… 171
　　　3　リース取引の貸借対照表計上の意義 …………………………………… 172
　Ⅳ　**退職給付会計** ……………………………………………………………… 174
　　　1　退職給付引当金 …………………………………………………………… 174
　　　2　退職給付引当金の処理 …………………………………………………… 175
　　　3　連結財務諸表における処理 ……………………………………………… 178
　Ⅴ　**資産除去債務の会計** ……………………………………………………… 178
　Ⅵ　**現在価値と混合測定** ……………………………………………………… 181
　　　1　混合測定——現在価値と公正価値 ……………………………………… 181
　　　2　混合会計観と公正価値会計観 …………………………………………… 182

第14章 財務諸表分析の基礎 ―――― 185

- I 基本財務諸表の分析 ……………………………………………… 185
  - 1 貸借対照表の分析――財務構造分析 ……………………… 185
  - 2 損益計算書の分析――期間成果の分析 …………………… 187
  - 3 総合収益性分析――資本収益性分析 ……………………… 188
  - 4 利益構造・資本構造の分析と応用 ………………………… 190
  - 5 発展性の分析と企業の総合指標による判定 ……………… 194
- II 連結財務諸表の分析 …………………………………………… 195
  - 1 連単倍率 ……………………………………………………… 195
  - 2 EPS・ROE・PER …………………………………………… 196
  - 3 連結キャッシュ・フロー計算書の分析 …………………… 196
  - 4 セグメント情報の分析 ……………………………………… 197

参考文献　199

索　引　205

第1章 会計の基礎

I 会計と簿記

1 会計と簿記

　会計（accounting）とくに企業会計は，主として企業に生起した経済的事実を会計特有の記号・数字等を用いて記録計算し，これを会計報告書に表示し，情報利用者たる各種利害関係者へ伝達する。簿記（bookkeeping）は，帳簿記録によって必要な情報（取引資料）を受理し，処理する中核的な手段となる。

　簿記と会計とは，ともに企業に生起した経済的事実の記録計算にかかわりあうが，簿記はおもに一定の勘定体系と帳簿組織とによる帳簿記録の技術的・手続的側面にかかわると考えられる。これに対し，会計は，会計報告書によって企業・事業体に生起した経済的事実を真実かつ適正に写像（描写）し，これをおもに企業の経営者や企業外部の利害関係者に伝達することを主たる目的とする。

2 情報処理の中核的手段としての簿記

　簿記は，帳簿記録を略称したものであるといわれる。この場合の帳簿は，一定の記帳法則に従って，一定の目的のもとに有機的な関連性をもって体系的に記録される帳簿である。そこでは，特定の出来事の増減変化（取引）を借方（左側）と貸方（右側）とにそれぞれ2面的に記録する勘定式計算が用いられる。

　簿記には，単式簿記（single-entry bookkeeping）と複式簿記（double-entry

bookkeeping）とが区別される。単式簿記は，古代文明の発祥とともに，おもに王家の財産・財政管理のための記録手段として発達してきた。単式簿記は，現在でも官庁会計・公会計においておもに使用されている。

他方，複式簿記は中世イタリア諸都市の商人によって使用された簿記法であり，現在残っている最も古い書物としては，ルカ・パチオリ（Luca Pacioli）の数学書『ズムマ』（『算術・幾何・比および比例全書（Summa de Arithmetrica Geometria Proportioni et Proportionalita)』，1494年）のなかに見いだされる。複式簿記は，ヨーロッパ各地へ伝播し，当初はおもに事業の損益計算と財産管理のための手段として事業主への報告のために内部において使用された。この複式簿記が，今日では外部報告においても重要な記録作成手段つまり情報処理手段として使用されるようになった。

3 基本的な会計報告書——貸借対照表・損益計算書

(1) 複式簿記と財務諸表

有機的な関連性をもって体系的に作成される会計報告書は，財務諸表とよばれる。そのなかでも最も基本的な財務諸表は，貸借対照表（B/S, Balance Sheet）と損益計算書（P/L, Profit & Loss Statement）である。この2つの財務表は，複式簿記を中心とする会計システムから有機的な関連性でもって誘導作成される（図表1-1）。

図表1-1 会計システムと複式簿記

(2) 貸借対照表と損益計算書

この場合の貸借対照表は，日常の取引記録から誘導され，その取引価額を基礎とし，決算手続を経て作成されるところから決算貸借対照表ともよばれる。この決算貸借対照表は，期末の決算時点における企業資金の調達源泉とその運用形態からなる財政状態を表示する。

貸借対照表上の借方側資産には，企業資金の運用形態が，各種の経済的価値物（経済的資源）の期末における状況（項目別有高）として示される。他方，貸借対照表の貸方側には，第三者（債権者）および所有主（株主）からの企業資金の調達源泉の有高がそれぞれ負債（第三者からの調達）および純資産（所有主からの調達）として各種の項目別に示される。

他方，損益計算書は，一定期間における経営的努力たる費用（＝経済的価値減少）とその経済的効果たる収益（＝経済的価値増加）との比較対照を通じて，企業の経営成績を算定表示する。より具体的には，営業活動とこれを支える営業外活動等に区分して努力（費用）と効果（収益）を対応表示することにより，企業の利益をその発生の源泉にさかのぼって算定表示する。

図表1−2 貸借対照表と損益計算書

貸借対照表	
資　産 ［資金の具体的運用］ （経済的価値の個別有高）	負　債 ［第三者からの調達］
^	純資産（資本） ［所有主からの調達］

＜企業資金の運用形態＞　　【企業の財政状態】　　＜企業資金の調達源泉＞

損益計算書	
費　用 （経済的価値減少）	収　益 （経済的価値増加）
利益（純結果）	^

＜経営的努力＞　　【企業の経営成績】　　＜経済的効果＞

(3) 簡単な貸借対照表と損益計算書の例

貸借対照表・損益計算書の各項目は資産・負債・純資産，収益・費用という大きな区分について合計額で記載されるのではなく，それぞれ資産・負債・純資産，収益・費用に関する個別の科目別に金額が表示される。これらの各項目について，たとえば，次のような科目（勘定科目）があげられる。

●貸借対照表関係
　　資　　産……現金，商品，備品，車両運搬具，土地，建物など
　　負　　債……借入金，未払金など
　　純資産……資本金，利益など
●損益計算書関係
　　収　　益……売上，受取利息など
　　費　　用……給料，広告費，消耗品費，支払利息など

これらの科目に従って，貸借対照表および損益計算書を具体的に作成してみよう。

① 開始（期首）貸借対照表の具体例

ここではまず下記の取引例に基づいて営業開始時の貸借対照表を作成しよう。

> 設例1-1　A商店は，自己資金500千円を元手として，次のような資産でもって事業を開始した。なお資金の不足分は，友人から借り入れた。
> 　現金　300千円，備品　120千円，車両運搬具　380千円
> 　これより，開業時の貸借対照表を作成しなさい。

現金・備品・車両運搬具は資産，借入金は負債，資本金は純資産であるから，次のような開業時の貸借対照表が作成される。

貸借対照表　　　　　（単位：千円）

資　　　　産	金　額	負債・純資産	金　額
現　　　　金	300	借　入　金	300
備　　　　品	120	資　本　金	500
車 両 運 搬 具	380		
資　産　合　計	800	負債・純資産合計	800

② 損益計算書の具体例

その後，下記のような損益取引（収益稼得活動）がなされたとする。

設例 1-2 A商店は，商品 250 千円を仕入れ，現金で支払った。
この商品のうち 100 千円を 200 千円で売り上げ，現金を受け取った。売れていない商品は次期に繰り越すため資産（商品）に振り替えた。
また，次の費用を現金で支払った。
給料　40 千円，広告代　5 千円，事務用品　2 千円，利息　3 千円
これより損益計算書を作成しなさい。

損益計算書　　　　　　　　（単位：千円）

費用	金額	収益	金額
売上原価	100	売上	200
給料	40		
広告費	5		
消耗品費	2		
支払利息	3		
利益	50		
合計	200	合計	200

（注）ここでは，商品を売り上げることにより収益が稼得される。商品の売上代金 200 千円を売上（収益）に計上する。売り上げた商品の仕入金額が売上原価（売上品の取得原価）となる。売れ残った仕入商品は資産（商品）に振り替える。仕入商品の原価（仕入額）250 千円のうち売上品の原価 100 千円を売上原価に計上し，残りの 150 千円は商品として貸借対照表の資産に計上する。各種の費用も損益計算書の借方に計上する。これより利益は次のように計算される。
利益＝収益（売上）200 － 費用（売上原価・各種費用）150 ＝ 50（千円）

③ **期末貸借対照表の作成**

開業時の貸借対照表と期中の損益計算書に基づいて，期末貸借対照表を作成すれば次のようになる。

貸借対照表　　　　　　　　（単位：千円）

資　　　産	金　額	負債・純資産	金　額
現　　　　金	200	借　入　金	300
商　　　　品	150	資　本　金	500
備　　　　品	120	利　　益	50
車 両 運 搬 具	380		
資 産 合 計	850	負債純資産合計	850

(注) 現金については仕入代金250千円減少し，売上代金200千円増加し，給料等の費用支払額50千円減少する。

　　現金＝期首有高300＋売上収入200－仕入額250－費用支出50＝200（千円）
　　商品は売上品原価分を差し引いて計上する。
　　商品＝期首有高250－売上品原価100＝150（千円）
　　借方資産合計850千円と貸方借入金・資本金合計800千円との差額50千円は利益となる。これは損益計算書の利益50千円と等しくなる。

II　現代会計の基本領域

1　現代会計の基本領域

　現代会計は現代企業活動の多様化・複雑化とともにその領域は多様かつ複雑に区分・分類されうる。ここでは現代会計の領域についてこれを基本領域と応用領域とに分けることにしよう。
　現代会計の基本領域としては，伝統的な意味における企業会計の計算領域とよばれる領域である。それは，次のような区分からなる領域である。

① 簿記（商業簿記・工業簿記）
② 財務会計（個別財務諸表・連結財務諸表）
③ 管理会計（意思決定（計画）会計・業績管理会計）
④ 会計監査（監査役監査・会計士監査）

2 商業簿記と工業簿記

　以上の簡単な取引事例ではとくに簿記による処理（仕訳・勘定記入）を必要としなくても作成可能である。しかし，膨大かつ複雑な取引がなされる場合，簿記を中核とする会計システムによってより網羅的・合理的にしかも正確な財務諸表が作成されうる。

　また，上記の例では商品売買を中心とする企業（商業）の取引を中心としたが，この場合の簿記は商業簿記と称される。

　製品を製造する企業（製造業，工業）の場合には，製品の製造から完成にいたる製造過程に関する簿記処理を必要とする。そのような製造業の製造過程における簿記は，工業簿記と称される。そして，製品の製造費用と製品原価に関する計算は原価計算と称される。製造領域における原価計算の簿記処理が工業簿記ととらえることができよう。したがって，製造業の場合は，商業簿記に加えて，工業簿記・原価計算も適用され，財務諸表が作成される。

3 財務会計・管理会計・会計監査

　工業簿記・原価計算は，このように製造業の財務諸表の作成に不可欠の手段となるだけでなく，企業の経営管理とくに原価管理のための重要な手段となる。

　企業会計は，通常，財務会計と管理会計とに大きく区分されうる。企業を取り巻く各種利害関係者に対する会計は財務会計とよばれる。財務会計は，主として企業に生起した経済的事実を会計特有の記号，数字等を用いて記録計算し，これを会計報告書に表示し，企業を取り巻く各種利害関係者へ伝達するものであり，狭義の企業会計として位置づけられる。会計報告書の中心となる財務諸表は，外部の各種利害関係者に対して報告されるだけでなく，企業経営者にとっても全社的な企業の運営と受託責任の報告にあたって重要な情報となる。

　管理会計は，企業内部のトップ・ミドル・ロワーといった各経営管理階層の意思決定・計画設定と業績管理・統制とに役立つ会計情報の提供を主たる目的とする。そこでは，過去の実績数値だけでなく，各種の予測，計画（予算）数値も資料として用いられる。

　会計監査（財務諸表監査）は，会計記録・会計報告書（とくに財務諸表）を批

判的に吟味検討し，その適正性に関する意見を表明することによって，財務諸表に対する信頼性を確保することを目的とする。これは企業の監査役による会計監査と外部の公認会計士による会計士監査が代表的である。

4　伝統的会計と現代会計

　財務会計における外部報告のための会計報告書の最も基本となるのは損益計算書と貸借対照表といういわゆる基本財務諸表である。20世紀にわが国やドイツ等の企業でおこなわれた伝統的会計では，個別企業の基本財務諸表を中心に展開されてきた。しかも，その場合に，伝統的会計は，取得原価主義会計と称されたように，おもに過去の取引価額（取得原価）を中心に展開され，現在の価値を示す時価は必ずしも積極的に用いられなかった。そこでは，損益計算書による経営成績の算定がとくに重視され，過去の取引価額によって表示される貸借対照表は，現在の価値を示さないが故に，損益計算書に対する補助的な位置に置かれる傾向にあった。

　これに対し，現代（財務）会計では，情報提供を重視し，個別企業の貸借対照表・損益計算書から企業集団の連結財務諸表（連結貸借対照表，連結損益計算書および連結包括利益計算書，連結キャッシュ・フロー計算書，連結株主資本等変動計算書），セグメント報告，中間財務諸表等にまで拡張されてきている。しかも，貸借対照表も過去の取引価額だけでなく現在の価値を示す時価が多く用いられるようになった。このような貸借対照表は，損益計算書に対する補助的な位置から対等の位置へとその役割が重視されるようになってきた。

　現代会計では企業を取り巻く各種利害関係者の意思決定に役立つ情報提供目的が重視される。その背景には，経済活動のグローバル化とくに金融経済の発展ならびにインターネット等による情報経済の発展がある。それとともに経済活動の高度化・複雑化を反映して，貸借対照表および損益計算書に記載される内容もまた，従来の取引記録のみでは捕捉されなかった経済的事象まで含まれるようになった。とくに貸借対照表が意思決定に役立つ情報となるためには，たんに過去の取引に基づくだけでなく，将来のある程度確実に予測される変化をも配慮することが求められる。それとともに，貸借対照表に表示される資産・負債および純資産も，過去の取引価値（取得原価）だけでなく，将来の経済的

便益とその犠牲（経済的負担）ならびにその残余を示す経済価値をより適切に評価するために，時価も多く使用されるようになった。

Ⅲ　現代の制度会計

1　制度会計

　財務会計の展開にあたっては，企業を取り巻く各種利害関係者間の利害の調整や企業の受託責任の報告をめぐって法令や慣習の影響を無視することはできない。ここに法令や慣習に基づく会計は制度会計と称される。わが国の制度会計は，狭い意味においては，次の3つの制度会計が区別される。

> ①　金融商品取引法と連結財務諸表規則・財務諸表等規則に基づく金融商品取引法会計（以下，金商法会計と略称）
> ②　会社法と会社計算規則等に基づく会社法会計
> ③　税法等（法人税法，同施行令，同施行規則，租税特別措置法）に基づく税法（税務）会計

　これらの法令に基づく狭義の制度会計に加えて，さらに会計慣習とくに公正妥当な会計慣行に基づいて形成された企業会計原則やその後の各種企業会計基準に基づく会計が広義の制度会計として位置づけられる。

　金融商品取引法は，投資家を保護し，証券資本市場における有価証券の発行および金融商品等の取引を公正化し，かつ，証券流通の円滑化等を図る目的のために制定された。したがって，金商法会計では，おもに証券取引所上場企業のように証券資本市場において株式を発行・流通している企業が作成・公表する有価証券報告書とそこに含まれる（連結）財務諸表に関する規則が中心となる。ここでは，証券資本市場における投資家の意思決定に役立つ（連結）会計情報の提供に主眼がおかれる。

　会社法は，すべての会社とくに株式会社について，その設立，組織運営および管理について法的な規制を行う。会社法会計では，おもに株主総会提出のた

めの計算書類（財務諸表）の作成に関する規定・規則が中心となる。

税法は，課税の公平性の観点から，適正な課税所得の計算を行おうとするものである。税法会計は，おもに企業が税務署に提出する法人税申告書の作成に関する規定・規則が中心となる。

会社法会計はすべての株式会社に適用されるのに対し，金商法会計は，証券取引所上場企業のような資本市場において有価証券を発行（募集）・流通させる株式会社に対しておもに適用される。

2　公正妥当な企業会計の慣行としての制度会計

慣習に基づく広義の制度会計としては，企業会計原則・企業会計基準等が挙げられる。企業会計原則は，企業会計の実務の中に慣習として発達したものの中から一般に公正妥当と認められたところを要約したものであり，必ずしも法令によって強制されないでも，すべての企業がその会計を処理するにあたって従わなければならない基準である（「企業会計原則の設定について」）。

企業会計基準等は，その後に企業会計基準委員会等によって国際的な会計基準への対応を考慮して設定された各種会計基準である。このことから，企業がその会計処理にあたって，とくに有効な会計基準が存在しないときは，これらの一般に公正妥当と認められる企業会計の基準や企業会計の慣行を斟酌することが求められる。

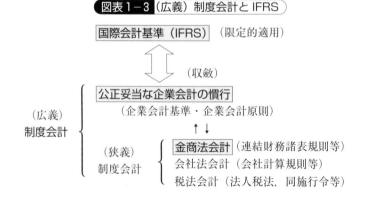

図表1-3　（広義）制度会計とIFRS

3　国際会計基準への対応

　国際会計基準等のわが国制度会計への調整・導入は，企業会計基準委員会を通じて行われている。この企業会計基準委員会による国際財務報告基準（IFRS）を中心とする国際会計基準への対応は，コンバージェンス（統一化・収斂）と称される。

　このような国際会計基準へのコンバージェンスからさらに国際的な財務活動または事業活動を行う「特定会社」を中心に，金融庁長官の定める「指定国際会計基準」に従って，連結財務諸表を作成することが認められるようになった（連結財規1条，93条等）。したがって，任意適用ではあるが，金商法会計にIFRSの導入が図られた。これにより，わが国でもEUと同様のIFRS導入の方向（エンドースメント・限定付きアドプション）が示された。

　それとともに，上場企業を中心とする有価証券報告書提出会社（金商法会計適用会社）のうち連結財務諸表を作成する企業については指定国際会計基準に基づくIFRS連結財務諸表か，わが国連結財務諸表規則に基づく新たな連結財務諸表の作成かの選択が認められるようになった。

　さらには，国際会計基準と企業会計基準委員会による修正会計基準によって構成される会計基準として，「修正国際基準」に準拠した連結財務諸表の作成が認められるようになった。

簿記会計の基本構造

I　簿記の基本原理

　簿記とくに複式簿記は，企業会計システムの中核をなし，帳簿記録を通じて情報の受理・処理・伝達のための重要な手段となる。ここにいう帳簿は，一定の記帳法則に従って，有機的な関連性をもって体系的に記録される帳簿である。
　簿記の記録計算にあたっては，取引を借方・貸方の2面的に記録計算する方法がとられる。この計算は勘定式計算とよばれる（阪本1969）。

1　勘定式計算

　勘定式計算は，加算を中心とし，減算するときはその勘定の反対側に記載する方法である。それは，単一の側で直接的に加減算を行う算術計算とは異なる計算方式である。ここでは，次のような算術計算について勘定式計算を行ってみよう。

(1)　算術計算

算術計算では同じ欄で加減算がなされる。

4/1	期首	50
4/12	支払	− 30
4/15	入金	200
4/25	支払	− 150
期末残高		70

(2) 勘定式計算

勘定式計算では，たとえば，ある価値物の増加が借方に記録されるなら，その減少は反対側つまり貸方側に記載される。そして，最終的に借方（左側）合計と貸方（右側）合計とが等しくなるように，差額がその少ない側に記載される。これにより，結果的に借方と貸方とが等しくなる。つまり勘定式計算では，増減差額は少ない方の側に記載（加算）され，結果的に借方合計と貸方合計とが一致する（貸借一致）。

なお，この借方と貸方は，本来，借り手と貸し手を意味していたが，企業の取引ないし出来事が複雑になるにつれて借り手と貸し手として説明することが困難になり，今日では単に左側と右側を意味するようになった。

（借方）	勘　　定		（貸方）
期首	50		30
	200		150
		期末残高	70
	<u>250</u>		<u>250</u>

2　加法性と貨幣的測定

このように勘定式計算は，たとえば増加が借方に記載されるなら，その減少は同じ借方側において直接差し引くのではなく，反対の貸方側に記載する。つまるところ，勘定式計算は，足し算（加算）を基本とする。この基本的な性格を加法性という。西洋ではゼロの発見が遅れ，マイナスを回避（負数忌避）するために，その反対側に記録するようにしたことに由来する（井尻 1983, 13-16頁参照）。いわば，加法性は勘定式計算と表裏の関係にあるといえるであろう。

このような加法性は，測定にあたり貨幣金額を用いることつまり貨幣的測定によって達成される。共通的統一的単位として貨幣尺度を用いることにより，さまざまな事物や事象を共通尺度で測定評価し加算・統合できる。

このように，勘定式計算と加法性は簿記の基本原理ということができる。それとともに，勘定分類（貸借分類）と貨幣的測定とは，簿記会計の基本的前提つまり公準（postulate）として位置づけられる。

さらに，複式簿記は企業簿記とも称されるように，企業体の立場から毎期継続する企業を対象としてその損益および残高に関する記録計算を行う。このことから，企業体の立場と継続企業を対象とすることも，企業の簿記・会計の基本的前提ないし公準として位置づけられる。

3　簿記会計の基本的前提と会計公準

物事を的確に判断し適切に処理するには，原理・原則に基づくことが肝要である。会計もまた例外ではない。(伝統的)会計では，これまでそのような原理・原則について，会計公準・会計原則・基準・手続・方法等という一連の体系のもとに展開されてきた。

会計公準は，会計理論・会計原則の展開にあたり，広く普遍性と妥当性をもつ基本的前提ないし基本的仮定である。それはまた，幾何学における公理に準ずるものとしてとらえられる。したがって，会計公準は，会計実務や会計目的に照らして経験的あるいは論理的に企業会計における基本的前提ないし基本的仮定として提示され，会計理論・会計原則の展開の基礎となる。

主要な会計公準としては，次のようなものがあげられる。

(1) 企業実体の公準

企業実体（business entity）の公準は，通常，企業会計の対象となる場所的範囲を，所有主（資本主）と切り離された別個の存在としての企業実体に求めるものである。この企業実体の公準に基づくことにより，所有主個人の計算つまり家計と企業それ自体の計算すなわち企業会計とが区別される。

(2) 継続企業の公準

継続企業（going concern）の公準は，企業活動の継続性を前提とすることにより，会計期間を区切って計算を行うことを要請する基本的前提である。会計期間の公準は，継続企業の公準からの派生的ないし付随的な公準として位置づけられる。

(3) 貨幣的測定の公準

　貨幣的測定の公準は，企業の経済的事実の測定にあたって，最終的に最も共通的・一般的・同質的な尺度として貨幣単位を用いるという基本的前提である。この公準は，貨幣単位の公準あるいは貨幣的評価の公準ともよばれる。

　会計が企業に生起した経済的事実を適正に写像するためには，その経済的事実について数量化する必要がある。しかし，異なる物理的単位ないし物量単位では，これを加算し統合することは困難である。貨幣数値のように加法性を有する尺度によって測定・評価することによって，さまざまな対象を総合的に把握することができる。そこで，企業の経済的事実の測定にあたっては，最終的に，最も共通的・一般的な尺度として貨幣単位が用いられる。

(4) 勘定分類（貸借分類）の公準

　会計上の取引記録にあたっては，一般に貨幣的測定がなされるとともに，勘定科目別の分類がなされる。それは，複式簿記あるいは組織的簿記のメカニズムを通じて，企業に生起した経済的事実を2面的に把握することにより，これを情報として受理・処理し，各種利害関係者に対し伝達することを意味する。勘定分類の公準は，貨幣的測定の公準とともに，企業会計の必須の手段に関する基本的前提として理解される。

Ⅱ　複式簿記と財務諸表の誘導

1　複式簿記の記帳法則 ── 仕訳と勘定記入のルール

　複式簿記は，企業に生起する経済的事実とくに記帳の対象となる事実を簿記上の取引として必ず借方と貸方とに分けて記録する（複式記録）。**図表2-1**に示すように，より具体的には，①仕訳帳への記入（仕訳）から，②元帳における各勘定科目への転記（勘定記入），③一定期間末における試算表への集計・整理（決算整理），④貸借対照表および損益計算書の作成にいたるまで，常に複式記録がなされる。

　複式簿記は，非常に複雑な経済的事実が存在する場合でも最終計算書として

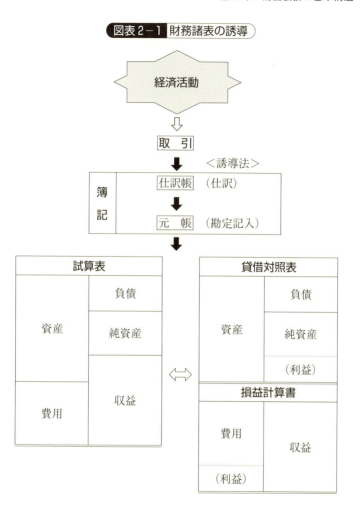

図表2-1 財務諸表の誘導

の貸借対照表と損益計算書とを最も合理的・効率的に作成できるようなかたちで仕訳・勘定記入と集計・整理がなされるようになっている。

このために，仕訳帳への記入つまり仕訳と，元帳への転記つまり勘定記入とは，結局，試算表への集計を合理的に行うためのルールに従って処理されることとなる。すなわち，仕訳ルールと勘定記入ルールとは**図表2-2**のように示される。

このような仕訳および勘定記入のルールは，取引から貸借対照表および損益

計算書をより合理的・効率的に誘導作成できるように考案・工夫されている（誘導法）。この6つの要素の増加減少を記録するルールは，「取引の8要素」ともいわれる。会計処理にあたっては，資産・負債・純資産・収益・費用に関する具体的なさまざまな勘定科目を用いてなされることとなる。

図表2-2 仕訳ルール・勘定記入ルール

●仕訳ルール

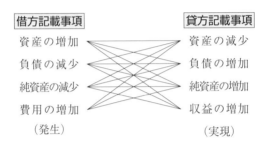

●勘定記入ルール

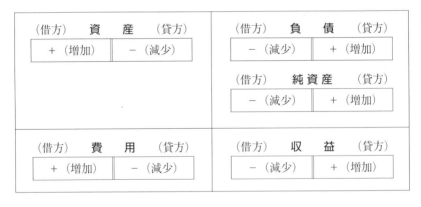

2　仕訳と勘定記入──取引事例

誘導法による財務諸表の作成を一連の取引事例について検討しよう。

(1) 取引事例

> **設例 2-1**
> ① 500 千円を元手に会社を設立した。
> ② 資金が足りないので友人達から 300 千円借り入れた。
> ③ 備品 120 千円を購入した。
> ④ 車両運搬具 380 千円を購入した。
> ⑤ 商品 250 千円を仕入れた。
> ⑥ 仕入商品のうち 100 千円を 200 千円で売り上げ，半額は現金で受け取り，残りは掛けとした。
> ⑦ 仕入れた商品の残りは次期に繰り越すため資産（商品）に振り替えた。
> ⑧ 諸費用 50 千円を現金で支払った（ここでは便宜上「諸費用」として処理する）。
> 　　給料　40 千円　広告料 5 千円　事務用消耗品 2 千円　利息　3 千円

それぞれの取引については以下のように仕訳される（以下，単位：千円）。

① 事業主からの元手（出資金）は資本金として処理する。現金は，資産の増加であるから借方に，また資本金は純資産の増加であるから貸方に記入する。これより次のような開始仕訳がなされる。

　　（借）現　　　金　　　500　　（貸）資　本　金　　　500

　　（注） なお，①については，次のような開始（開業）貸借対照表が作成される。

② 現金の増加は借方に，借入金という負債の増加は貸方に記入する。

　　（借）現　　　金　　　300　　（貸）借　入　金　　　300

③ 備品という資産の増加は借方，現金（資産）の減少は貸方に記入する。

（借）備　　　品　　　120　　（貸）現　　　金　　　120

④　車両運搬具（資産）の増加は借方に，現金の減少は貸方に記入する。

　　（借）車 両 運 搬 具　　380　　（貸）現　　　金　　　380

⑤　仕入という費用の発生は借方に，現金の減少は貸方に記入する。

　　（借）仕　　　入　　　250　　（貸）現　　　金　　　250

⑥　売上収益200千円が実現したので貸方に記入する。売上代金をあとで受け取る掛売上は売掛金（資産）として処理する。現金および売掛金の増加を借方に記入する。

　　（借）現　　　金　　　100　　（貸）売　　　上　　　200
　　　　　売　掛　金　　　100

⑦　期末に残っている商品（150千円）を仕入（費用）から資産（商品あるいは繰越商品）振り替える。

　　（借）商　　　品　　　150　　（貸）仕　　　入　　　150

⑧　諸費用50千円の発生を借方に，現金の減少を貸方に記入する。

　　（借）諸　費　用　　　 50　　（貸）現　　　金　　　 50

(2) 勘定記入

　このような仕訳は，そのつどそれぞれ元帳の各勘定口座に転記される。各勘定科目の増減記入（勘定記入）にあたっては，日付（ここでは取引事例の番号）と摘要欄に仕訳の相手側の勘定（相手勘定）を記載しておく。

<貸借対照表勘定>

(借方)	現 金		(貸方)
① 資 本 金	500	③ 備 品	120
② 借 入 金	300	④ 車両運搬具	380
⑥ 売 上	100	⑤ 仕 入	250
		⑧ 諸 費 用	50

(借方)	売 掛 金		(貸方)
⑥ 売 上	100		

(借方)	商 品		(貸方)
⑦ 仕 入	150		

(借方)	備 品		(貸方)
③ 現 金	120		

(借方)	車 両 運 搬 具		(貸方)
④ 現 金	380		

(借方)	借 入 金		(貸方)
		② 現 金	300

(借方)	資 本 金		(貸方)
		① 現 金	500

<損益計算書勘定>

(借方)	売 上		(貸方)
		⑥ 現金・売掛金	200

(借方)	仕 入		(貸方)
⑤ 現 金	250	⑦ 商 品	150

(借方)	諸 費 用		(貸方)
⑧ 現 金	50		

3 勘定記録の集計と合計残高試算表

　一定期間を区切って，その期間中の取引記録が集計される。その場合に，取引記録の結果を各勘定科目別に集計し，その借方金額の合計と貸方金額の合計とが一致するか否かを検算するために試算表（T/B, Trial Balance）が作成される。試算表には，各勘定の借方合計金額と貸方合計金額とをそれぞれ集合して作成される合計試算表，各勘定の借方合計金額と貸方合計金額との差額（残高）を集合して作成される残高試算表，この両者を一表に示す合計残高試算表がある。ここでは，先の取引事例について合計残高試算表を作成してみよう。

(借方) 　　　　　　　　　　　　合計残高試算表　　　　　　　　　　　　(貸方)

残 高	合 計	勘定科目	合 計	残 高
100	900	現　　金	800	―
100	100	売 掛 金		
150	150	商　　品		
120	120	備　　品		
380	380	車両運搬具		
		借 入 金	300	300
		資 本 金	500	500
		売　　上	200	200
100	250	仕　　入	150	
50	50	諸 費 用		
1,000	1,950		1,950	1,000

4 残高試算表から貸借対照表・損益計算書の作成

　残高試算表の数値から貸借対照表と損益計算書を作成することができる。
　仕入金額は，ここでは売り上げた商品の原価（元値・商品の取得価額）を意味するから，損益計算書上「売上原価」として表示される。実際に作成される貸借対照表・損益計算書は，さらに多くの科目からなる。このため，より企業の活動の内容や結果が明瞭に把握できるように，たとえば，資産の各科目をさら

に流動資産と固定資産等，負債の各科目を流動負債と固定負債，収益・費用を営業活動の収益・費用とそれ以外の収益・費用とに区分表示することとなる。

残高試算表

残高	勘定科目	残高
100	現　　金	
100	売　掛　金	
150	商　　品	
120	備　　品	
380	車両運搬具	
	借　入　金	300
	資　本　金	500
	売　　上	200
100	仕　　入	
50	諸　費　用	
1,000		1,000

（借方）　　貸借対照表　　（貸方）

資産	金額	負債純資産	金額
現　　金	100	借　入　金	300
売　掛　金	100	資　本　金	500
商　　品	150	利　　益	50
備　　品	120		
車両運搬具	380		
	850		850

（借方）　　損益計算書　　（貸方）

費用	金額	収益	金額
売上原価	100	売　上　高	200
諸　費　用	50		
利　　益	50		
	200		200

5　精算表

(1)　精算表の作成

残高試算表からは，貸借対照表と損益計算書とが同時的に作成される。この同時的な作成は，精算表（W/S, Working Sheet）の上で行うことができる。これを先の取引事例についてみれば，次のような簡単な精算表（6桁精算表）が作成される。

精 算 表

x年4月1日より x年3月31日まで　　　（単位：千円）

勘定科目	残高試算表		損益計算書		貸借対照表	
	借方	貸方	借方	貸方	借方	貸方
現　　　金	100				100	
売　掛　金	100				100	
商　　　品	150				150	
備　　　品	120				120	
車両運搬具	380				380	
借　入　金		300				300
資　本　金		500				500
売　　　上		200		200		
仕　　　入	100		100			
諸　費　用	50		50			
小　　　計	1,000	1,000	150	200	850	800
利　　　益			50			50
			200	200	850	850

(2) 決算整理と整理後試算表・精算表

　期末決算の段階において，財務諸表の作成に必要な決算整理がなされる。それは，おもに当期の適正な損益計算を行うために期中において認識されなかった取引の記録を行うものである。前記の例では期末商品の繰越しがそれにあたるが，実際の決算にあたってはさまざまな決算取引の処理が必要となる。

　整理後試算表に代えて，整理前の残高試算表と整理記入（修正記入）と損益計算書および貸借対照表との各欄からなる（8桁）精算表やこれに整理後試算表を加えた（10桁）精算表さらには製造原価報告書欄や商品売買損益欄等を含む精算表のようにさまざまな拡張と変型が考えられる。

　このような精算表からは，貸借対照表と損益計算書とが同時に作成されることがわかる。しかもその場合に，利益（損失）が，損益計算書と貸借対照表とのそれぞれ反対の側に計算表示されることとなる。この利益数値が貸借対照表と損益計算書において一致しなければ，明らかにこの計算は誤っていることがわかるようになっている。

第3章 損益計算書の基本構造

I 損益計算書の本質と区分

1 利益計算の2方法と期間損益計算

企業の利益計算に関しては,基本的には財産法と損益法という2つの方法がある。

(1) 財産法
財産法による利益の算定は,次式で示される。

> 期末純財産－期首純財産＝利益

この場合の利益は,純財産の増加分としてとらえられるところから,純財産増加説に基づく利益と称される。また,企業主が期中に純財産を引き出し,あるいは出資したときはこれを加減する必要がある。その場合には次のように示される。

> 期末純財産－期首純財産＋期中引出額－期中出資額＝利益

財産法は,本来,財産調査に基づいて財産貸借対照表を作成報告する財産計算目的のもとにおける利益算定法を意味したが,今日では決算貸借対照表における利益算定法としても説明されることがある。

(2) 損益法

これに対し，損益計算書にみられるような利益は，次式で示される。

$$収益 - 費用 = 純利益$$

この場合の利益は，収益と費用の差額として捉えられるところから，費用収益差額説に基づく利益と称される。

2 損益計算書の本質

損益計算書は，企業の経営成績を明らかにするため，一会計期間に属するすべての収益とこれに対応するすべての費用とを記載して経常利益を算定表示し，これに特別損益に属する項目を加減して当期純利益を表示する。したがって，損益計算書は経営成績を明らかにするために，次の2つの利益の計算に大きく区分される。

① すべての収益 − すべての費用 ＝ 経常利益
② 経常利益 ± 特別損益 ＝ 当期純利益

経常利益は，一会計期間における経済的効果としての収益と，これを達成するために要した経営的努力としての費用との対応による経営成績を意味する。これは，企業本来の経常的ないし日常反復的な経営活動の成果を示すものであり，いわば狭義の経営成績（業績測定利益）を意味する。

他方，当期純利益は，このような当期の経常利益に，期間外の特別損益（特別利益・特別損失）を加減して算定される。それはいわば企業の処分可能利益ないし分配可能利益の意味における広義の経営成績を示す。損益計算書における経営成績は，当期の業績測定利益（経常利益）と処分可能利益（当期純利益）との2段階で把握される。

3 損益計算書の区分

狭義の経営成績は，当該期間の日常反復的（経常的）な経営活動の成績（成果）である。経営活動は，さらに営業活動とそれ以外のいわゆる営業外活動とに区分される。営業活動は，その企業が目的とするいわば本業としての活動である。

一般企業の場合，製造・販売活動がこれにあたる。営業外活動は，そのような営業活動が円滑に行われるようにこれを支える活動であり，金融ないし財務に関する活動がその典型である。

営業活動に関する効果と努力は営業収益・営業費用として示され，両者の差額は営業利益（マイナスの場合営業損失）となる。この営業利益（営業損失）に営業外活動に関する効果と努力である営業外収益・営業外費用を加減して経常利益が算定される。

これより損益計算書における経常利益と当期純利益の計算は，より具体的には，図表3-1のように示される。このように損益計算書の区分としては，営業損益計算の区分，経常損益計算の区分，純損益計算の区分に大別される。したがって，営業利益・経常利益・当期純利益の算定にあたっては，それぞれ営業損益・営業外損益・特別損益の計算処理がなされることとなる。

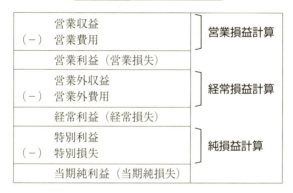

図表3-1 損益計算書の区分

Ⅱ 営業損益の計算

1 営業活動と収益・費用の計算

営業活動は，企業が主目的とする活動であり，一般企業の場合，企業が目的とする商品・製品の製造・販売に関する活動である。その営業収益としては，たとえば商品・製品の販売の場合には売上高として算定表示され，サービスの

提供の場合は受取サービス料等として計上されることもある。営業費用は，販売された商品・製品それ自体にかかわる費用（コスト）すなわち売上原価と，その販売に要した直接的・間接的な費用すなわち販売費及び一般管理費とからなる。

2　営業収益・営業費用の計算処理

営業損益の計算にあたっては，まず，営業収益たる売上高とこれに対応する商品・製品の売上原価を差し引いて売上総利益（または売上総損失）が算定表示される（売上総利益の計算）。そして，これからさらに販売費及び一般管理費を差し引いて営業利益が算定表示される（営業利益の計算）。すなわち，次のように示される。

> ① **売上総利益の計算**
>   売上高－売上原価＝売上総利益（または売上総損失）
> ② **営業利益の計算**
>   売上総利益－販売費及び一般管理費＝営業利益（または営業損失）

売上原価は，商品・製品の場合その期に販売された商品あるいは製品の原価であり，より具体的には次のように算定される。

＜売上原価の計算＞

| 期首商製品棚卸高 |
| ＋当期仕入・製造高 |
| 小　計 |
| －期末商製品棚卸高 |
| 差引：売上原価 |

また，サービス業の場合は提供したサービスの原価が，営業収益たる受取サービス料に対応される。

3　販売費及び一般管理費

　販売費については，たとえば注文獲得に関する費用（例，広告宣伝費，販売促進員の旅費・給料等）と注文の履行に関する費用等（例，荷造費，運搬費，販売手数料等）が含まれる。

　一般管理費には，事務員給料，営業・一般管理部門の減価償却費や修繕費等があげられる。営業取引に基づいて発生した債権（営業債権）に対する貸倒引当金繰入額（貸倒償却）は販売費に含まれる。減価償却費でも製造用機械設備等の減価償却費は，製造経費として材料費や労務費とともに製造原価に含まれる。

Ⅲ　営業外損益・特別損益・当期純利益の計算

1　営業外損益の計算

　営業活動以外の経営活動に関する収益・費用の計算がここでなされる。一般の製造販売業の場合，製造・販売過程以外の経営活動である金融（財務）活動の収益・費用がおもに含まれる。

　営業外収益としては，たとえば受取利息，有価証券利息，受取配当金，有価証券売却益，有価証券評価益などがあげられる。営業外費用には，たとえば支払利息，有価証券売却損，有価証券評価損，貸付金等の貸倒見積費用である貸倒引当金繰入，償却債権取立益等があげられる。

　営業外費用にはさらに創立・開業・開発・新株発行・社債発行といった組織形成（経営基盤形成）に関わる費用（繰延資産の償却費）等が含まれる。

　ここで有価証券は，流動資産としての売買目的の有価証券であり，これに関しては時価（市場価格）評価が義務づけられている。有価証券の帳簿価額と時価との差額は有価証券評価益または有価証券評価損として計上される。

2　特別損益の計算

　企業の活動には営業活動・営業外活動のような日常反復的な経営活動の他に

臨時的・偶発的な項目が含まれる。これは特別損益として区分される。

特別損益項目には，例えば機械等の長期使用を目的とする固定資産の売却損益，火災焼失損，災害損失などがある。特別損益は，わが国では収益・費用に含まれず，利益（利得）・損失として扱われる。

3　当期純利益の計算

営業損益と営業外損益および特別損益を加減することにより税引前当期純利益が計算される。この税引前当期純利益から法人税等および法人税等調整額を加減すれば税引後の当期純利益（マイナスの場合当期純損失）が計算される。

法人税等は利益に関連して課税される税金であり，これには法人税だけでなく住民税・事業税が含まれる。これに前払税金・未払税金の効果がある部分については「法人税等調整額」として加減され，当期純利益が算定表示される。

以上より，損益計算書の具体的な内容について要約表示すれば次の**図表 3-2**のように示される。

4　収益・費用の分類と区分

損益計算書において，収益は営業収益と営業外収益とに区分される。費用もまた営業費用と営業外費用とに区分される。このような営業（調達・製造・販売）・営業外（財務等）の区分は，企業の機能（職能）に基づく分類であるから，機能別分類と称される。

費用に関しては，機能別分類に先だって，その発生源泉別の分類がなされる。費用の発生源泉としては，基本的にはヒト・モノ・カネという経営の3要素のいずれを源泉とするかによって，人件費・物件費・購入役務費に大別される。購入役務費というのは，カネの支払いをともなって発生する外部用役に関する費用（広告費・水道光熱費等）であり，外部用役費とも称される。

原価計算では，材料費・労務費・経費という分類が発生源泉別分類（形態別分類・要素別分類とも称される）に相当する。ただし経費に関しては，動力部費のように材料費や人件費の要素も含む複合経費も含まれ，購入役務費よりも広くとらえられる。

収益および費用に関しては，まず費用をヒト，モノ，カネという経営の要素

図表3-2 損益計算書の具体的な計算内容

営業収益	売上高・受取手数料
売上原価	＝期首棚卸高＋当期仕入高（製造原価）－期末棚卸高
売上総利益	＝営業収益（売上高）－売上原価
販売費	広告宣伝費，販売促進員旅費・給料，荷造費，運搬費，販売手数料，営業債権の貸倒引当金繰入額など
一般管理費	事務員給料，営業・一般管理部門固定資産の減価償却費，修繕費など
営業利益	＝営業収益（売上高）－営業費用（売上原価・販売費・一般管理費）
営業外収益	受取利息，有価証券利息，受取配当金，有価証券売却益，有価証券評価益，償却債権取立益など
営業外費用	支払利息，有価証券売却損，有価証券評価損，非営業債権（貸付金等）の貸倒引当金繰入額（貸倒損失）など
	繰延資産（創立費，開業費，開発費など）の償却
経常利益	＝営業利益＋（営業外収益－営業外費用）
特別利益	固定資産売却益，投資有価証券売却益，負ののれん発生益など
特別損失	固定資産売却損，投資有価証券売却損，減損損失，災害損失など
当期純利益	税引前当期純利益＝経常利益＋（特別利益－特別損失）
	当期純利益（税引後）＝税引前当期純利益－法人税等（±法人税等調整額）

別・発生源選別に分類・区分する。そこからさらに営業（調達・製造・販売）と営業外（財務等）という経営の機能別に分類・区分し，収益と費用を対応表示することによって経営成績が明瞭かつ適切に算定表示される。

IV 費用・収益の記録 —— 認識・測定・分類

　会計記録にあたっては，対象となる経済事実の認識・測定・分類がなされる。したがって，会計記録における認識・測定・分類には，それぞれの原則・基準に従って会計記録がなされなければならない。

1　費用・収益の認識

　会計上の認識は，基本的・一般的には企業に生起した経済的事実について，これが会計記録を要する会計的事実か非会計的事実かを識別することを意味する。そして，具体的には，会計的事実についてこれをいつ会計記録として計上するか，その計上時点を決定することが認識として理解される。

　たとえば，損益計算書において営業収益の記録にあたっては，売上高が用いられる。これは，営業収益に関しては，給付（財貨やサービス）の売上によって経済価値の増加が実現するからである。収益認識にあたっては収益を実現の時点で認識計上することが原則であり，実現主義あるいは実現原則とよばれる。

　収益の認識に関しては，実現主義以外にも，現金収入の時点でこれを認識する現金主義や，給付の提供時点でこれを認識する半発生主義（給付提供基準），給付の対価を受け取る権利が確定した時点でこれを認識する半発生主義（権利確定基準），生産・保有によって経済価値の増加が発生した時点でこれを認識する発生主義などが，特定の場合に例外的に認められてきた。

　他方，費用に関しては，給付（財貨やサービス）の消費や使用にともなって経済価値の減少が発生した時点で認識する発生主義が原則である。もちろん，費用の認識に関しても現金支出の時点で認識する現金主義や，支払義務の確定時点で認識する半発生主義（義務基準），給付の取得（受入）時点・廃棄時点，

図表3-3　収益・費用の計上時点と認識原則

認識原則	収益の計上時点	費用の計上時点
現金主義	現金収入の時点	現金支出の時点
半発生主義 （権利義務基準）	収入権利の確定時点 （権利確定基準）	支払義務の発生時点 （義務基準）
半発生主義 （給付授受基準）	給付提供の時点 （給付提供基準）	給付受入の時点 （給付受入基準）
発生主義	経済価値増加事実の発生時点（生産・在庫基準）	経済価値減少事実の発生時点（費消（消費利用）基準）
実現主義	販売による経済価値増加の実現時点（販売基準）	―

取替時点で費用を認識する方法（取得法・廃棄法・取替法）は半発生主義が考えられる。

2　費用・収益の測定

会計上の測定（measurement）は，基本的・一般的には対象に数を割り当てることを意味する。具体的には，測定は認識された事実の計上金額を決定することを意味する。

測定にあたっては，なによりも取引における対価を基礎（測定対価の原則）として，過去・現在・将来の収入（予定額）および支出（予定額）が用いられる。このような原則は収支主義あるいは収支的評価の原則とも称される。

そして，具体的な測定にあたっては，過去の取引時における対価ないし収支（予定額）を基準とする取得原価主義（原価基準）や，市場価格等の公正な評価額に基づいて現在の価値を測定する時価主義（時価基準）等が適用される。これらは，将来の収入予定額・支出予定額として位置づけられる。

収支主義と現金主義とは異なる。現金主義は取引記録の計上時点に関するいわゆる認識上の原則（基準）であるのに対し，収支主義は取引記録の計上金額に関するいわゆる測定上の原則（基準）である。

3　費用・収益の分類

会計上の分類（classification）は，基本的・一般的にはクラス分け（分類・区分）することを意味する。具体的には，それは認識された事実の計上科目を決定することを意味する。

分類の基準としては，発生源泉別分類（形態別分類）と機能別分類とが基本的である。会計事実の記録にあたっては，通常，まず発生源泉別（形態別）に分類がなされ，その後に機能別あるいは目的別に（再）分類がなされる。会計上の分類基準は，会計処理の目的に基づくとともに，会計報告ないし伝達にも深くかかわる。

いずれにせよ，費用・収益の記録にあたっては，費用は発生源泉別に分類され，その後に収益とともに機能別に分類されることになる。これにより，収益

と費用とが対応計算され表示されることになる。

4 会計上の認識・測定・分類とその基準

収益・費用の一般的意味と具体的意味ならびに適用される原則・基準の例について一覧表示すれば，**図表 3-4** の表のように示されるであろう。

図表 3-4 収益・費用の認識・測定・分類

	認　識	測　定	分　類
一般的意味	会計的事実か非会計的事実かを識別する。	対象に数を割り当てる。	クラス分け（分類・区分）する。
具体的意味	計上時点の決定	計上金額の決定	計上科目の決定
原則・基準の例	実現主義（販売基準）発生主義（生産基準・消費基準），半発生主義（権利義務基準，給付授受基準），現金主義	収支主義（収支的評価の原則）取得原価基準時価基準割引現在価値基準	発生源泉別分類（形態別・要素別分類），機能別分類

5 取得原価主義と混合測定

伝統的会計においては，測定に関して取得原価主義と，認識に関して実現主義とがおもに適用された。すなわち，商品・製品は売れるまでは取得原価で評価され，販売されてはじめて売価（市場価格）で評価された。また，原価と時価とを比較して，評価益の計上は認められず，評価損のみ保守主義の観点から認められた（低価法）。このように伝統的会計では，取得原価主義会計の名のもとに取得原価主義と実現主義とがおもに適用された。

これに対し，現代会計では，資産の種類によっては取得原価だけでなく時価や将来キャッシュ・フローの割引現在価値の適用もまた認められ，評価益の計上が求められることもある。このように，取得原価だけでなく時価や現在価値による測定は混合測定（hybrid measurement）と称される。混合測定による評価益の認識計上は，もはや実現主義ではなく発生主義あるいは実現可能主義の適用として位置づけられる。

第4章 収益・費用の会計

I 収益の会計

1 収益の認識と実現主義

(1) 実現主義の3要件

営業収益の認識に関しては，原則として実現主義が採用される。実現主義による収益の認識にあたっては次の3つの要件を充足することが必要である（阪本1983a, 41頁）。

> ① **給付の対外提供**……収益となる給付（有形・無形の財）が企業外部へ提供されること。
> ② **給付の対価確定**……提供された給付の対価の決定に関して買い主の同意が得られること（同意の成立）。
> ③ **対価の高度流動化**……給付の対価が，企業に支払手段（現金等）として受け入れられるか，容易に支払手段化しうる状態にあること（支払手段の容易性ないし対価受取の確実性）。

(2) 実現主義の3要件と特殊販売契約

通常の販売形態はほぼこの実現主義の3要件を容易に充足しうる。しかし，これら3つの要件のいずれかの充足に困難を伴うか，あるいはその充足に特殊性を有する販売形態もみられる。これは特殊販売形態ないし特殊販売契約といわれる。

たとえば委託販売は，受託者へ商品を積送した段階では要件①を充足するが，要件②および要件③をまだ充足しない。試用販売は，商品（試用品）を消費者へ提供する（要件①）のみでは収益はまだ実現しない。予約販売は，予約の段階では，対価の前受け（要件③）はありえても，給付の対外提供（要件①）はまだなされていない。

なお，実現主義の要件に関しては，要件②を要件③に含めて2要件とする場合もある。その場合には，(1)給付の対外提供と，(2)給付の対価の高度流動化（対価受取の確実性）とが実現主義の要件としてあげられる。ただ，すでにみてきたように，3要件の方が特殊販売契約の意味を理解するうえでより適切であるとみられる。

2　特殊販売契約と実現主義の例外的適用

通常の販売形態は，実現主義の3つの要件のすべてを比較的容易に充足する。これに対し，特殊販売契約には，3つの要件のいずれかの充足に特殊性が存在する。そこでは，収益の認識にあたり，実現主義（販売基準）を原則とするものの，その特殊性に従って例外的な基準が認められている。

(1)　委託販売

委託販売については，受託者が委託品を販売した日をもって売上収益の実現の日とする。すなわち，委託販売に関しては受託者販売基準を原則とする。ただし，仕切精算書（売上計算書）が販売のつど送付されている場合には，当該仕切精算書が到達した日をもって売上収益実現の日とみなすことができる。すなわち，仕切精算書到達日基準が例外的に認められる。

(2)　試用販売

試用販売に関しては，その試用品の提供によってではなく，買い主が買取りの意思表示をすることによって（その対価および支払方法が確定され）売上が実現することとなる。これは，販売基準の中でもとくに買取意思表示基準とよばれる。

(3) 予約販売

予約販売については，販売基準による。したがって，予約金受取額のうち決算日までに商品の引渡しまたは役務の給付が完了した分だけを当期の売上高に計上する。

なお，特殊販売契約の1つであった，長期の割賦販売に関しては，回収期限到来（請求期限到来）基準や回収基準が例外的に認められてきた。しかし，新しい収益認識会計基準の適用により，その例外的基準は認められなくなった。

3 収益認識と発生主義

(1) 長期請負工事収益の認識

長期の請負工事に関する収益の認識計上について，次の2つの基準があげられる。

① 工事進行基準

工事進行基準は，決算期末に工事進行程度を見積り，適正な工事進行率によって工事収益の一部を当期の収益として認識計上するものである。通常，工事進行度合を示す工事進行率は，おもに物理的な基準よりもむしろ経済的な基準によって算定される。すなわち，工事進行率は，次のようにして求められる。

$$工事進行率 = \frac{当期工事費発生額}{総工事費見積額}$$

この工事進行率を請負工事の総請負金額（工事契約代価）に乗じて，当期の工事収益が求められる。

$$当期工事収益 = 総請負金額（工事契約代価）\times 工事進行率$$

当期工事収益は，工事完了前の未完成工事（仕掛品）に対する収益を認識計上するものであり，発生主義の適用として考えることができる。

② 工事完成基準

工事完成基準は，工事が完成しその引渡しが完了した日に工事収益を認識計上するものであり，長期請負工事への実現主義の適用としてとらえられる。

国際的には工事進行基準が採用されるが，わが国では，その進捗部分につい

て成果の確実性が認められる場合には工事進行基準を適用し，この要件を満たさない場合には工事完成基準を適用するよう指示している（工事契約会計基準9）。

(2) 発生主義に基づく収益の認識

収益を発生主義によって認識しても計算上の確実性が得られるとみられる特定の取引に関しては，発生主義の適用が認められることがある。その代表的な例としては，次のようなものがあげられる。

> ① 工事進行基準（長期請負工事）
> ② 収穫基準（金，銀，米麦等穀物）
> ③ 時間基準（未収収益）

①の工事進行基準についてはすでにみてきた。②の収穫基準では，安定した市場価格によって引き取られることが確実な金銀等の鉱産物や米麦等の農産物については，その生産（収穫）時点において収益を認識計上することが認められる。その場合，その測定にあたっては，売価から，販売までに要する保管費・運送費等の事後費用を差し引いた正味実現可能価額が用いられる。

③の時間基準に関しては，たとえば定期預金利息のように，継続的な役務契約について発生した収益の未収額（未収収益）があてはまる。

なお，営業外収益に関しても，売買目的有価証券は時価で評価され，未実現の評価益が計上される。これは，売買目的有価証券の保有による経済価値増加を認識計上するものであり，発生主義（実現可能基準）の適用として位置づけられる。

II 新しい収益認識会計基準

これまでは，収益の認識にあたって実現主義を原則として，いくつかの例外が認められてきた。企業会計原則における諸原則の多くは実際の会計慣行に基づいて認められてきたものをおもにとり上げて体系化したものであり，契約，権利・義務関係もおもに国内の実務慣行に基づくものであった。これに対し，国際会計基準では以前から収益認識会計基準をより厳密に規定し，これへの収

斂（コンバージェンス）を要求してきた。それに伴い，わが国でも「収益認識に関する会計基準」と「収益認識に関する会計基準の適用指針」が公表された。それとともに，契約をともなう収益の認識計上には新たな会計処理が求められるようになった。

1 契約を伴う収益認識会計基準の設定

新しい収益認識会計基準によれば，収益の認識計上にあたり，売上に際して何らかの給付（財またはサービス）を提供（移転）する契約（ポイント契約・値引契約・割戻（リベート）契約，返品引取契約等）が存在する場合，その履行義務を識別し，この契約における履行義務に取引価格を配分し，履行義務を充足した時，ないし充足するにつれて収益を認識することを求めるものである。

この収益認識会計基準の基本となる原則は，「約束した財又はサービスの顧客への移転を当該財又はサービスと交換に企業が権利を得ると見込む対価の額で描写するように」，収益を認識することである（収益認識会計基準16）。

これまでポイント履行義務，売上割戻・値引履行義務や返品引取義務などの約束（契約）付きの売上高については，もとになる給付（財またはサービス）の販売時に売上高全体を収益として計上し，その履行義務に関しては引当金として負債計上してきた。これにより，収益にはこの契約にもとづく収益も含めて認識計上されてきた。これは，収益の早期計上として位置づけられる。しかし，これを厳密に考えれば，本来，その契約に関する収益部分はこれを繰り延べて，契約義務の履行時に計上すべきということになる。

2 支配と「検収」基準

また，収益の認識計上にあたってはこれまで実務的・慣習的に給付の出荷をもって実現の日としてきた。しかし，給付提供義務の履行は顧客の受取・検収によって，顧客がはじめて支配を獲得する。

ここで，資産に対する支配とは，当該資産の使用を指図し，当該資産からの残りの便益のほとんどすべてを享受する能力（他の企業が資産の使用を指図して資産から便益を享受することを妨げる能力を含む）をいう（同基準37）。また，支配の移転を検討する際には，たとえば，次の(1)から(5)の指標を考慮する。

> (1) 企業が顧客に提供した資産に関する対価を収受する現在の権利を有していること
> (2) 顧客が資産に対する法的所有権を有していること
> (3) 企業が資産の物理的占有を移転したこと
> (4) 顧客が資産の所有に伴う重大なリスクを負い，経済価値を享受していること
> (5) 顧客が資産を「検収」したこと（「」は筆者付記，同基準40）。

かかる観点から実現を厳密にとらえるときは給付提供義務の履行（充足）によってはじめて支配が相手に移行することとなる。それとともに，「出荷」による収益の早期計上は認められなくなり，「検収」によって収益の対外提供が完了し，収益の実現を認識計上することとなる（同基準40の(5)）。

ここで検収基準の適用について小売業の例についてみれば，以下のようになるであろう（秋葉他2018，41頁。古内2018，67頁）。

1．（一般の小売業）買取仕入契約－商品納入時に「検収」を行い，その時点で商品の所有権は仕入れた会社に移転する。商品の検収時に売上を計上する。

　　　（借）売　掛　金　　×××　　（貸）売　　　上　　×××

2．消化仕入取引（代理人取引）では，商品を一時預かって販売する。商品を支配せず，販売代金を受け取った場合，仕入れ先への買掛金として処理する。

　　　（借）現　金　預　金　　×××　　（貸）買　掛　金　　×××

> **設例4-1**　A商店は，B社と消化仕入契約を結んでいる。A商店は，顧客に500千円（卸値450千円）で顧客に現金で販売した。（なお，消費税はここでは考慮しない。―以下同じ。）

　　　（借）現　金　預　金　500,000　（貸）買　掛　金　　450,000
　　　　　　　　　　　　　　　　　　　　　手　数　料　収　入　 50,000

3 収益認識のステップ

収益認識会計基準では，契約において約束した財貨またはサービス等の移転の履行義務を識別し，その取引価格（企業が権利を得ると見込む対価の額）を配分し，その履行義務を充足した時あるいは充足につれて収益を認識する。

上記の基本原則に従って収益を認識するために，次の（1）から（5）のステップを適用する（同基準 17）。

(1) **顧客との契約を識別**

▽

(2) **契約における履行義務を識別**　契約において顧客への移転を約束した財又はサービスが，所定の要件を満たす場合には別個のものであるとして，当該約束を履行義務として区分して識別する。

▽

(3) **取引価格を算定**　「取引価格」とは，財またはサービスの顧客への移転と交換に企業が権利を得ると見込む対価の額（ただし，第三者のために回収する額を除く。）をいう（同基準 8）。その場合，変動対価または現金以外の対価の存在を考慮し，金利相当分の影響及び顧客に支払われる対価について調整を行い，取引価格を算定する。

▽

(4) **契約における履行義務に取引価格を配分**　契約において約束した別個の財またはサービスの独立販売価格の比率に基づき，それぞれの履行義務に取引価格を配分する。直接観察できない場合には，独立販売価格を見積る。

▽

(5) **履行義務を充足した時，ないし充足するにつれて収益を認識**　企業は約束した財またはサービスを顧客に移転することにより履行義務を充足した時にまたは充足するにつれて，収益を認識する。顧客との契約の対象となる財またはサービスについて，以下「資産」と記載されることもある。資産が移転するのは，顧客が当該資産に対する支配を獲得した時または獲得するにつれてである（同基準 35）。

売上高の処理にあたっては，消費税も問題となる。しかし，仮受消費税は，「第三者のために回収する額」にあたるので，取引価格には含まれない。

「取引価格」は，たとえば，契約（約束）付き売上における契約義務に対応する部分の評価額を当該価格として把握することを意味する。従来は，この部分は最初の売上高に含めるとともに，その見積額を引当金として計上していた。この基準では，その契約義務に対応する部分は，最初の売上高に含めないで負債（返金負債）として計上することとなる。

4　各種給付提供契約（義務）に相当する収益認識

(1)　ポイント等を付与した場合の収益の計上

ポイント付き販売は今日多くの企業で採用され，これに関する取引の処理にあたりポイント引当金が使用されてきた。これはポイント契約に基づく売上であり，収益認識会計基準の適用がなされることとなる。このポイントに対しては後日ポイントの行使にともなって給付を提供する義務がある。この義務の履行に伴って，その独立販売価格に基づいて収益が計上される。それまでは，契約負債として計上する。これはいわば繰延収益の性格を持つ。

> 設例4-2　①商品Aの売上20,000に対し，自社のポイント2,000を付与する（消化率100％）。②商品B販売時にポイント2,000が使用された。

＜仕訳＞

① （借）現　金　預　金　　20,000　　（貸）売　　　　　上　　18,181
　　　　　　　　　　　　　　　　　　　　　契　約　負　債　　 1,819

② （借）契　約　負　債　　 1,819　　（貸）売　　　　　上　　 1,819

これまでは商品Aの売上高20,000とは別に，付与したポイントに関してはポイント引当金2,000として処理していた。これに対し，新基準では，以下のように処理される（秋葉他2018，40頁参照）。

① 商品A売上高⇒ $20,000 \times \dfrac{20,000}{22,000} = 18,181$

　ポイント履行義務⇒ $20,000 \times \dfrac{2,000}{22,000} = 1,819$（独立販売価格による配分）

　＝契約負債(繰延収益)

商品の売り上げとともに契約ポイントが付与される。

② ポイントが使用された場合，ポイント義務の履行として処理される。当該売上高とポイント義務の履行高（取引価格）との差額は商品Aの売上高にすでに含まれている。すなわち，

ポイントによる売上＝契約負債の履行：$2,000 \times \dfrac{2,000}{2,200} = 1,819$

差額：2,000 － 1,819 ＝ 181（商品Aの売上時にすでに売上高に含まれている。）

(2) 返品権付き販売

返品権付き販売を行う主要業種としては，出版業・出版取次業・製薬業等（医薬品・医薬部外品）・農業・化粧品・既製服・音声再生機，通信販売業・教育サービス業等多岐にわたっている。

新基準では，顧客から受け取ったまたは受け取る対価の一部あるいは全部を顧客に返金すると見込む場合，受け取ったまたは受け取る対価の額のうち，企業が権利を得ると見込まない額について，返金負債を認識する（同基準53）。

返品権付き販売では，商品・製品の販売時に，その支配を顧客に移転するとともに，商・製品を返品して対価の金額またはその一部か，値引きか，別の商・製品への交換を受ける権利を顧客に付与する（収益認識適用指針84）。

また，返品権付き商・製品の販売時に返品されると見込まれる商・製品については，収益を認識せず，当該商・製品について受け取ったまたは受け取る対価の額で返金負債を認識する。そして，返金負債の決済時に顧客から商・製品を回収する権利について資産（返品資産）を認識する（同指針85）。

> **設例4-3** ①商品A（原価12千円）を1個当たり30千円で販売する契約20件を顧客と結んだ。この製品の支配を顧客に移転した際にそれぞれ対価を受領した。この売上のうち2個の返品が見込まれる。②売上原価を計上した。

＜仕訳＞

① （借）現 金 預 金　600,000　（貸）売　　　　上　540,000
　　　　　　　　　　　　　　　　　　　返 金 負 債　 60,000

② (借) 売 上 原 価　　216,000　(貸) 棚 卸 資 産　　240,000
　　　返 品 資 産　　 24,000

　これまでは商品Aの売上高600,000とは別に，返品見込み分の販売益を返品調整引当金36千円として処理（(30千円－12千円)×2個＝36千円）し，②では商品Aの原価240千円を総額で計上した。これに対し，新基準では，以下のように処理される（秋葉他2018，41頁，荒井2018，69頁参照）。

① 収益の中から返品見積額を返金負債として分離計上する。

　返品分離後の売上高：30千円×18個＝540千円

　返品見積額：30千円×2個＝60千円

② 返品見積額対応分を除く売上原価の計上：12千円×18個＝216千円

　返品資産原価（回収する権利）：12千円×2個＝24千円

(3) 値引き，リベート契約等変動対価が含まれる場合

　値引き，リベート契約等，顧客と約束した対価に変動対価が含まれる場合，給付（財またはサービス）の顧客への移転と交換に企業が権利を得ることとなる対価の額を見積る。顧客と約束した対価のうち変動する可能性のある部分を「変動対価」という。

　新基準では，契約において，顧客と約束した対価に変動対価が含まれる場合，財またはサービスの顧客への移転と交換に企業が権利を得ることとなる対価の額を見積る（同基準50）。

　見積られた変動対価の額については，変動対価の額に関する不確実性が事後的に解消される際に，解消される時点までに計上された収益の著しい減額が発生しない可能性が高い部分に限り，取引価格に含める（同基準54）。

　契約における約束した財またはサービスの独立販売価格の合計額が当該契約の取引価格を超える場合には，契約における財またはサービスの束について顧客に値引きを行っているものとして，当該値引きについて，契約におけるすべての履行義務に対して比例的に配分する（同基準70）。

> **設例4-4** 商品A（原価12千円）1個当たり35千円の販売について，X社が100個を超えて購入する場合は1個当たり31千円で，また200個を超えて購入する場合は1個当たり30千円にするという変動性のある契約を結んでいる。最終的には200個購入してくれると予想している。X社に，①3月に100個販売し，②9月にあと100個販売した。

<仕訳>
① （借）現 金 預 金　　3,500　（貸）売　　　　上　　3,300
　　　　　　　　　　　　　　　　　　　返 金 負 債　　　200

② （借）現 金 預 金　　3,100　（貸）売　　　　上　　3,300
　　　 返 金 負 債　　　 200

これまでは，まず①では，100個以下であるから単価35千円で売上を計上し，次期に100個を超えることが確実に見込まれるので，100個分について単価31千円と現在の単価35千円との差額に関する400千円を売上割戻引当金に計上する。そして②では，同様に売上は単価35千円で3,500千円を計上し，売上割戻控除後の受取金額3,100千円と売上割戻引当金取崩高を借方に記載した。

これに対し，新基準では，以下のように処理される（秋葉他2018，41頁参照）。100個以上売上の場合の単価を求め，これに基づいて売上高を計上する。

　3月：100個販売の場合@35千円⇒3,500千円
　9月：100個追加販売の場合@31千円⇒3,100千円

　取引価格＝（3,500千円＋3,100千円）÷200＝@33千円

3月の段階では受け取った現金のうち変動価格部分200千円（＝3,500千円－3,300千円）を返金負債として計上する。

なお，この他にも契約における重要な金融要素（長期売掛金等）や自社発行の商品券の処理等も挙げられる。

(4) 工事契約・受注制作のソフトウェア

工事契約・受注制作のソフトウェアに関しては，工事の進捗に伴ってその成果の確実性が認められる場合には工事進行基準が認められる。それ以外の場合は工事完成基準が適用される。また，原価回収基準も一定の要件を満たす場合

に適用されることとなる。原価回収基準とは，履行義務を充足する際に発生する費用のうち，回収することが見込まれる費用の金額で収益を認識する方法をいう（同基準15）。

　また，工事契約等から損失が見込まれる場合の取り扱いについては，工事原価総額等（工事原価総額のほか販売直接経費がある場合はその見積額を含めた額）が工事収益総額を超過する可能性が高く，かつ，その金額を合理的に見積もることができる場合には，その超過すると見込まれる額（以下「工事損失」という）のうち，当該工事契約に関してすでに計上された損益の額を控除した残額を，工事損失が見込まれた期の損失として処理し，工事損失引当金を計上する（同指針90）。受注制作のソフトウェアについても，工事契約に準じて適用する（同指針91）。

5　収益認識会計基準の影響

　このように収益認識会計基準の導入により，検収基準による支配の移転の確認が求められるようになった。支配に関しては，特にリスク・経済価値の移転を重視していることは注目される。さらに長期割賦販売に関しては，販売基準のみが認められ，回収基準や回収期限到来基準といったより保守的な例外基準の適用が認められなくなった。

　そして，契約において約束した給付（財貨またはサービス等）の移転の履行義務が重視され，これを識別してその取引価格（企業が権利を得ると見込む対価の額）を配分することが求められる。その分だけこれまで収益（売上高）として一括計上されてきたものが分離され，負債（繰延収益）として計上し，その履行義務を充足した時あるいは充足につれて収益を認識することとなった。それとともに，ポイント付き販売，返品権付き販売，値引き販売，売上戻り（リベート）販売等は，これまでのように引当金によって処理するのではなく，まずは負債計上し，そこからその履行に伴って収益計上することとなる。それはまた，実現主義のより厳格な適用とみることができるであろうし，その履行前における負債計上を通じて，収益費用アプローチから資産負債アプローチへの重点移行が図られたとみることができるであろう。

Ⅲ　費用の会計

1　発生主義による費用の認識

　今日の企業会計において，費用の認識は原則として発生主義に基づいて行われ，一部例外的に半発生主義（取替法）の適用等が認められている。
　発生主義に基づいて財または役務の経済価値の費消量を把握する方法としては，数量を中心とする方法（数量的把握法），時の経過を中心とする方法（時間的把握法），そして見積りによる方法（見積計上法）に大別される。

(1)　数量的把握法
これはさらに次の3つの方法に区分される。

> ①　直接に財・役務の数量的または金額的な減少の事実を把握する方法……商製品等の継続記録法
> ②　一定時点における財・役務の有高によって未費消高を確認し，これを基礎として間接的に費消量を把握する方法……商製品等の継続記録法によらずに期末棚卸法（棚卸計算法）による場合
> ③　一定期間における財・役務の消費・使用から得られた生産高等から間接的に財または役務の費消量を把握する方法……材料費の算定のための逆計算法や固定資産における生産高比例法

(2)　時間的把握法
　これは，使用期間や時の経過に伴う財または役務の価値の費消量を把握する方法である。設備や建物等の償却性の資産について，その使用期間の経過に伴って減価償却を行う場合や，一定の契約に従い継続的に役務の提供を受ける場合の未払費用や前払費用の認識計上を行う場合がこれである。
　なお，継続的な役務契約から生じる未払費用や前払費用は，未収収益・前受収益とともに経過勘定項目と称される。これらの項目は，継続的な役務契約以外の契約から生ずる前払金，前受金，未払金，未収金とは区別される。

(3) 見積計上法

これは、事実はすでに発生しているが、その対価が確定ないし確実化していないために費用を見積計上する方法である。引当金繰入による見積費用の計上を行う場合があてはまる。

(4) 具体的な費用認識基準

発生主義の具体的な費用認識の基準についてみれば、上記の各方法に関して次のものがあげられるであろう。

> ① 数量的把握法
>   (a) 継続記録法……払出基準（商製品等の継続記録），検針基準（水道料，ガス，電力料等の測定経費）
>   (b) 期末棚卸法（棚卸計算法）……棚卸基準（商製品の実地棚卸）
>   (c) 逆計算法，生産高比例法……生産高基準
> ② 時間的把握法……時間基準
> ③ 見積計上法……見積基準

2 費用配分と棚卸資産・固定資産

(1) 棚卸資産の費用配分・収益対応

棚卸資産に関してはその取得原価は、費用配分の原則（と費用収益対応の原則）に従って売上原価と期末棚卸資産原価とに配分される。その費用配分の方法に関しては、個別法，先入先出法，平均原価法（移動平均法・総平均法），売価還元原価法などがある。この費用配分法（棚卸計算法）によって算定された期末棚卸資産の原価はさらに期末棚卸資産の時価と比較され、原価と時価とのいずれか低い方の金額が、期末棚卸資産の価額として決定される（低価法，低価基準）。他方、売上原価は、費用収益対応の原則に従って、当期の売上高と対応される。

(2) 固定資産の費用配分

固定資産の時間の経過・使用に伴う経済価値の減少について費用として計上する手続は、減価償却という。固定資産の原価は費用配分の原則に従って、当

期の減価償却費と次期以降の費用である固定資産の繰越原価とに配分される。このような減価償却費は，現金収支とは無関係に経済価値の減少を認識するものであり，まさに発生主義による費用認識の典型として理解される。

減価償却費はまた動的会計論の展開起点となるものであり，収益費用アプローチの典型として理解される。

3　半発生主義（取替法）による費用の認識

鉄道会社のレールや枕木のように同種の物品が多数集まって1つの全体を構成し，老朽品の部分的取替えを繰り返すことにより全体が維持されるような固定資産（取替資産）については，取替法の適用が認められる。取替法は，当該資産の取得時にこれを資産計上し，その更新（取替）時に新たに取得した資産の実際取得原価を費用として計上する方法である。この方法では，取替資産の受入れの時点でその取替額に基づいて費用計上する。それは，半発生主義による費用の認識の方法として位置づけられる。

Ⅳ　現代企業会計と発生主義会計

1　発生主義会計への進展

期間損益計算において，収益と費用とをいかなる原則・基準に基づいて認識するかにより，次のような区別が見いだされる。

> ① 　現金主義会計
> ② 　半発生主義会計（権利義務主義会計）
> ③ 　発生主義会計

しかも，企業会計の発展においては，現金主義会計から半発生主義会計へ，そこからさらに発生主義会計へと進展してきたとみられる。

(1)　現金主義会計

現金主義会計では，収益・費用は現金主義に基づいて認識される。すなわち，収

益は,現金収入の時点で認識計上され,費用は現金支出の時点で認識計上される。

> 現金収入－現金支出＝利益(損失)

このような現金主義会計があてはまるのは,1つは長期の償却性資産を使用せず,しかも現金取引のみを行う企業の損益計算においてである。他の1つは,企業の解散を前提とする全体損益計算(全体収入－全体支出＝全体損益)においてである。

(2) 半発生主義会計(権利義務主義会計)

現金取引中心から信用取引が増加するにつれて,半発生主義会計へ移行する。半発生主義(権利義務主義)に基づくときは,現金収入,現金支出だけでなく,信用取引にともなう権利・義務の発生の事実をもって収益および費用を認識計上することとなる。すなわち,そこでは,収益は現金収入および収入権利発生の時点において認識計上され(権利確定主義),費用は現金支出および支出義務発生の時点において認識計上される(義務主義)。このことから半発生主義会計はまた,権利義務主義会計ともよばれる。

ところで,このような現金および信用の授受を中心とする貨幣的な側面のたいしてこれと対流をなす給付の側面からも観察することができる。現金収入・収入権利発生がもたらされるのは,なんらかの給付(有形・無形の財)を外部へ提供したときである。同様に現金支出・支出義務発生がもたらされるのは,外部から給付を受け入れたときである。これより,半発生主義会計は,貨幣計算的な側面からだけはなく,給付計算的な側面からもみることができる。

貨幣(計算)的側面	給付(計算)的側面
(現金収入＋収入権利発生額) －)(現金支出＋支出義務発生額) ＝利益(損失)	給付の提供額 －)給付の受入額 ＝利益(損失)
権利義務主義 (権利確定基準・義務基準)	給付授受基準 (給付提供・受入基準)

半発生主義会計では，給付（財又は役務）の受入時に費用が認識計上される。そこでは長期的に使用する償却性資産を受入時にすべて費用として計上することになり，正確な期間損益計算が達成されないこととなる。

2　発生主義会計

企業が大規模化し，固定資産の占める割合が増大するとともに，資産の消費・利用に伴う経済価値の減少の事実に従って費用を認識計上する発生主義会計への進展がみられる。

(1)　広義の発生主義会計

しかし，発生主義に基づいて収益を認識する時は，その経済価値の増加が実現しない可能性がある。そこで，収益は，実現主義に基づいて，給付の対外提供（販売）により経済価値の増加が確実化した時点においてこれを認識計上するのが一般的である。

```
    販売に伴って実現した経済価値の増加＜実現主義＞
 －）消費・利用に伴う経済価値の減少　　＜発生主義＞
 ＝　利益（損失）
```

伝統的な発生主義会計においては，収益の認識にあたりむしろ実現主義が原則として採用され，発生主義はその収益の実現が確実と見込まれる場合にのみ例外的に適用されるにとどまった。

(2)　純粋発生主義会計

情報提供を重視する現代会計においては，企業に生起した経済的事実をあるがままに把握することが重要であり，そのためには原価・時価の混合測定により，未実現の保有損益をも認識計上することが考慮されるようになる。収益認識にあたっても発生主義がかなり適用されるようになってきた。

発生主義会計は，純粋の意味においては費用・収益を発生主義に基づいて認識計上することを意味する。発生主義に基づいて収益を認識することは，給付の生産・保有に伴い経済価値の増加の事実が発生した時点でこれを認識計上す

ることを意味する。

```
    生産・保有に伴う経済価値の増加＜発生主義＞
 －）消費・利用に伴う経済価値の減少＜発生主義＞
 ＝   利益（損失）
```

　現代会計では，投資家・債権者等の意思決定に役立つ情報の提供が重視される。そこでは，企業の状況に関しても過去の事実だけでなく，現在的状況を把握することが重要である。そこでは，有価証券の原価・時価の差額としての評価損益だけでなく，棚卸資産の時価評価，固定資産の回収可能額，負債（リース負債・退職給付債務・資産除去債務）の表出，さらには特定項目（投資有価証券・土地・繰延ヘッジ取引）等の評価・換算差額の認識計上にあたり，時価評価が用いられる。

第5章 貸借対照表の基本構造

I　貸借対照表の2類型

　貸借対照表については，基本的に2つの類型が考えられる。1つは財産貸借対照表であり，他の1つは決算貸借対照表である。また，後者の決算貸借対照表については損益計算目的と情報提供目的のもとではその内容に関して変化がみられる。

1　財産貸借対照表

　かつては財産計算目的のもとに，所有主に帰属する純財産有高とその増加額を算定・報告することが会社の計算として重視された。そこでは，実地棚卸法（財産目録法）により，売却価値（換金価値）に基づいて財産有高の評価がなされ，財産目録が作成された。財産目録は，企業のすべての積極（プラス）および消極（マイナス）の財産を実地に調査確認し，その金額および数量を詳細に一覧表示したものである。

　この財産目録に基づいて，積極財産および消極財産が要約表示され，これとその両者の差額としての純財産とからなる財産貸借対照表が作成される。したがって，ここでは財産目録と財産貸借対照表とが基本財務諸表として取り扱われた。

　財産貸借対照表においては，財産法のもとに財産の実地棚卸調査による純財産増加分としての利益が算定表示される。財産貸借対照表は，静止企業ないし解散企業の前提のもとに一定時点における資産（積極財産）・負債（消極財産）

の清算価値を中心とする企業の財産状態の表示を目的とする。このような貸借対照表に関する解釈は静的貸借対照表観・静的会計観（静態論）と称される。

<補足> 財産計算目的は，かつてドイツの商法典やわが国の商法などにおいて採用されていた。そこではまた，債権者保護思想のもとに企業の債務返済（補償）能力を持つ財産の表示が重視されていた。

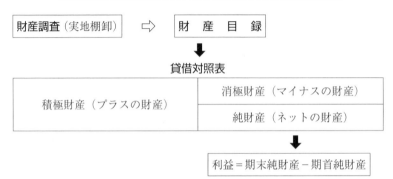

図表5-1 実地棚卸法（財産調査法）と財産貸借対照表

図表5-1より明らかなように，財産貸借対照表は，財産法による利益計算と密接な関係にある。今日でも，財産貸借対照表は企業の創業時や解散時などに作成される。

2　決算貸借対照表

これに対し，決算貸借対照表は，複式簿記における日常の取引記録（帳簿記録）から誘導作成される，誘導法が採用される。そこでは資産，負債，資本が複式簿記における決算手続きを経て貸借対照表関係勘定（残高勘定）から作成されるところから決算貸借対照表という。そこでは，当初，損益計算目的の重視のもと，過去の取引価額たる取得原価に基づいて測定・評価されてきた。それは，もはや企業の財産状態ではなく，継続する企業における企業資金の調達源泉とその運用形態からなる企業の財政状態を算定表示する。このような決算貸借対照表は，継続企業の前提のもとに期間損益計算の連結帯となり，動的貸借対照表観・動的会計論（動態論）に基礎をおくとみられる。

ドイツ動的会計論の主唱者であるシュマーレンバッハ（E.Schmalenbach）は，

貸借対照表が期間損益計算の連結帯となるとともに，未解消の支出・費用・収入・収益（給付）に関する繰越機能を果たす補助手段として位置づけた。貸借対照表は，収入支出計算と損益計算との間における未解消項目と，独立項目である支払手段（現金）ならびに資本とを収容するものとしてとらえられた。すなわち，貸借対照表借方資産には，独立項目である現金に加えて，支出未費用（諸設備・原材料等），支出未収入（貸付金・有価証券），収益未収入（売掛金・未収収益）等の未解消項目が，また貸方には独立項目としての資本のほかに，収入未支出（借入金・預り金），収入未収益（前受収益・前受金），費用未支出（未払費用・修繕引当金）等の未解消項目が含まれる（Schmalenbach 1962, S.71-74, 土岐訳 1959, 52-55 頁）。

伝統的会計では，資産・負債よりもむしろ費用・収益の測定が重視された。収益は，それが売却等によって実現されるまで過去の取引額つまり取得原価に基づいて測定された。これに対応して，資産は，未費消の原価ないし費用としてまだ解消されていない項目であり，おもに過去の取引価額つまり取得原価に基づいて評価された（Paton and Littleton 1940, p.11, p.67. 訳書 17 頁, 114 頁）。伝統会計におけるこのような会計の見方（会計観・貸借対照表観）は，収益費用中心観ないし収益費用アプローチとも称される（FASB 1976, pars.38-42）。

わが国の伝統的会計においては損益計算目的のもとにおいて損益計算書とともに有機的に作成される決算貸借対照表では，取得原価主義会計のもとに企業が所有する資産が流動資産・固定資産・繰延資産に区分表示され，負債についても流動負債・固定負債に区分表示される。これら資産・負債は，過去の取引価額を基礎とし，現在の価値を表示するものではない。それとともに，負債の部とともに貸方を構成した資本の部も，過去の名目的資本の維持を原則とし，資本金・資本剰余金・利益剰余金・当期純利益を算定表示した。このような決算貸借対照表は，当然のことながら損益法による利益計算と密接に関係している。

図表5-2 複式簿記と貸借対照表

複式簿記 ＜誘導法＞ ⇨ 試算表
↓
貸借対照表

資産の部	負債の部
流動資産	流動負債
固定資産	固定負債
有形固定資産	資本の部
無形固定資産	資本金
投資その他の資産	資本剰余金
繰延資産	利益剰余金
	当期純利益

当期純利益＝収益－費用±特別損益

　この決算貸借対照表は，貨幣価値安定時，より具体的には緩やかなインフレーション時には有益であった。しかし，急激なインフレーションからバブルの崩壊，さらにデフレーションといった激しい価格変動によって，この貸借対照表では，企業の現在の状況（財政状態）を必ずしも適切に示さなくなった。たとえば，過去に取得した土地建物の価値が著しく下落したとき，取得時の価額のまま貸借対照表に計上することは，その情報利用者を誤った判断（意思決定）に導くようになる。これは特にグローバルな投資家や債権者，さらに企業経営者にとっても重要な問題である。このような観点から，会計制度さらには決算貸借対照表にも変革がもたらされた。

3　情報提供目的（現代会計）と決算貸借対照表

　企業を取り巻く各種利害関係者に役立つ情報を提供するためには，企業に生起した経済的事実をあるがままに写像（描写）することが求められる。このような情報提供を重視する現代会計においても（複式）簿記から決算貸借対照表が誘導されて作成される。

　その場合の資産は，企業が取得しあるいは支配している経済的価値すなわち

将来の経済的便益（もたらす能力）を有する経済的資源としてとらえられる。負債は，おもに企業（実体）の現在の義務から生じる，将来における経済的資源の移転（将来の経済的便益の犠牲）としてとらえられる。そして，これまでのように企業が所有する経済的価値物だけでなく，企業が支配する経済価値物まで資産の範囲が拡張され，それとともに負債の範囲も拡張された。

さらに，資産と負債との差額としてもとらえられる，純資産の部には，かつての資本の部に相応する株主資本の区分に加えて，評価・換算差額等および新株予約権が加わった。

（借方）	貸借対照表 （貸方）
【資産】企業によって取得あるいは支配されている，将来の経済的便益を有する経済的資源	【負債・純資産】企業への資金提供者に対する将来の経済的資源の移転（経済的便益の犠牲・分配）
	【負債】企業のおもに現在の義務から生じる経済的資源の将来の移転（経済的便益の犠牲）
	【純資産】最終的に残余請求権（残余持分）となるもの

現代会計における決算貸借対照表は，企業の現在の財務状況ないし財政状態を把握表示することに重点が置かれる。それは，伝統的会計における決算貸借対照表のように資産を過去の支出の未費用部分あるいは未費消原価とみるのではなく，将来の経済的便益をもつものとみる。そして，将来の経済的便益としての能力をもつ資産とその経済的便益の犠牲となる負債を起点として，その両者の差額としての純資産（資本）や，その増減としての収益・費用等が定義される。このような会計の見方は，資産負債中心観ないし資産負債アプローチと称される（FASB1976, pars.35-37, pars.208-215）。

資産の評価にあたっては，従来のように取得原価だけでなく，時価，さらには将来キャッシュ・フローの割引現在価値によって測定されるようになった。このような多元的な尺度による測定は混合測定（hybrid measurement）とよばれる。現行の会計実務のすべてが資産負債アプローチのもとに展開されている

わけではない。新たな会計基準・会計規定が適用されない領域に関しては，伝統的会計における収益費用アプローチに基づいて処理されるものも多い。しかし，さまざまの新しい会計基準の設定・公表に伴い，収益費用アプローチの適用範囲は徐々に狭められてきたことも確かである。

II 貸借対照表の本質と区分

1 貸借対照表の本質と区分

貸借対照表の本質は企業の財政状態の表示に求められる。企業の財政状態は，企業資金の調達源泉と運用形態を意味する。このような企業の財政状態表示を目的とする貸借対照表は，決算手続を経て損益計算書と有機的関連性をもって作成されるところから，決算貸借対照表とも称される。

決算貸借対照表の借方には資産が，貸方には負債および純資産が記載される。

借方側資産は，流動資産・固定資産等（固定資産・繰延資産）に区分される。これにより，企業資金の短期運用形態（流動資産）と長期運用形態（非流動資産）とが示される。貸方側における負債と純資産との区分は，企業資金の第三者（債権者）と所有主（株主）とからの調達源泉とを明らかにする。

図表5-3 貸借対照表の区分

貸借対照表

資産の部	負債及び純資産の部
流動資産	負債の部
固定資産	流動負債
有形固定資産	固定負債
無形固定資産	純資産の部
投資その他の資産	株主資本
繰延資産	評価換算差額等
	新株予約権

<企業資金の運用形態>　　【企業の財政状態】　　<企業資金の調達源泉>

2 資産の分類

わが国の企業会計において，資産は，流動資産，固定資産および繰延資産に区分される。そして，固定資産に関しては，さらに有形固定資産，無形固定資産，投資その他の資産に区分される。なお，流動資産に関しては，当座資産，棚卸資産，その他の流動資産に区分（区別）されることがある。これより，資産の区分とその具体的な項目を例示すれば，**図表 5-4** のように示すことができる。なお，これ以外にも，リース資産・リース債権・リース投資資産等がある。

図表 5-4 資産の区分と項目

流動資産		当座資産	現金預金，受取手形，売掛金，有価証券
		棚卸資産	商品，製品，仕掛品・半製品，原材料等
		その他	前払金，短期前払費用，未収収益
固定資産	有形固定資産		建物設備，機械・装置，車両運搬具，工具器具及び備品，土地，建設仮勘定，その他
	無形固定資産		のれん，特許権，借地権，商標権，実用新案権，意匠権，鉱業権，漁業権，ソフトウェア，その他
	投資その他の資産		関係会社株式・投資有価証券，出資金，長期貸付金，繰延税金資産，その他
繰延資産			創立費，開業費，株式交付費，社債発行費等，開発費

資産の分類区分としては，この他に貨幣性資産と非貨幣性資産との区分がある。そこでは，資産の支払手段化ないし現金化の容易性の程度に従って，現金，預金，売掛債権，売買目的有価証券等の貨幣性資産と，これ以外の，いわゆる棚卸資産，固定資産，繰延資産といった非貨幣性資産とに区分される。また，金融商品・金融取引を重視する観点からは，金融資産と非金融資産とに区分されることがある。

3　負債および純資産の本質と区分

　負債は，第三者（債権者）からの企業資金の調達源泉を示すとともに，企業（実体）の現在の義務から生じる，将来における経済的価値の負担ないし将来の経済的便益の犠牲である。負債は流動負債と固定負債とに区分される。そこには確定債務のほかに見積項目たる（負債性）引当金が含まれる。

　純資産の部は，所有主からの企業資金の調達源泉を示すとともに，負債を差し引いた後に残っている資産の残余つまり残余持分ないし残余請求権を示す。純資産の部は，以下のように3つの項目に大きく区分される。

　Ⅰ　株主資本
　Ⅱ　評価・換算差額等
　Ⅲ　株式引受権
　Ⅳ　新株予約権

　株主資本には，資本金・資本剰余金・利益剰余金・自己株式が含まれる。自己株式の保有は，実質的には株主への払戻しによる減資と見られるべきものであり，株主資本の控除項目としてとらえられる。

　評価・換算差額等は，特定の資産の時価評価等に基づく差額であり，未実現損益として繰り延べられる純資産部分としてとらえられる。

　株式引受権は，取締役の報酬等として株式を無償交付する場合に記載する。新株予約権は，企業が将来において新株を発行するか自己株式を移転する権利を与える契約である。

図表5-5　負債および純資産の区分

負債	流動負債	支払手形，買掛金，短期借入金，未払金，未払費用，前受金，前受収益，預り金，引当金（短期），その他
	固定負債	社債，長期借入金，引当金（長期），繰延税金負債，その他
純資産	株主資本	資本金，資本剰余金，利益剰余金，自己株式
	評価・換算差額等	その他有価証券評価差額金，繰延ヘッジ損益，土地再評価差額金
	株式引受権，新株予約権	

4 貸借対照表の区分・配列

(1) 流動・固定を区分する基準

　流動資産と固定資産，流動負債と固定負債を区分する基準については，営業循環基準（operating cycle basis）と1年基準（ワンイヤー・ルール，one year rule）とがあげられる。

　営業循環基準に基づいて，**図表 5-6** に示されるような営業循環過程内にある資産・負債は，流動資産・流動負債としてとらえられる。営業循環の過程は企業の保有する現金または信用（支払手形，買掛金等）によって，商品，半製品，原材料等を仕入れ，保管・製造・加工等を通じて，より一層価値の高い製品・商品等として企業外へ提供し，その対価として受取手形，売掛金等を受け入れ，現金化（回収）するという反復的な営業活動を繰り返す過程としてとらえられる。したがって，営業取引に関する債権債務だけでなく，商品，製品，半製品，原材料，仕掛品等の棚卸資産も含めて，このような営業循環過程の中に全面的に入る資産または負債は流動資産または流動負債として扱われる。

　このような営業循環基準を適用することにより，製造販売に長期間を要するような製品等を棚卸資産に計上することが可能となる。そして，営業循環基準によって流動資産・流動負債に含まれなかった資産・負債については，さらに1年基準の適用を受ける。1年以内に現金化する，つまり1年以内に入金または支払期限の到来するものは流動資産・流動負債とされ，1年を超えて現金化するものは固定資産・固定負債としてとらえられることとなる。

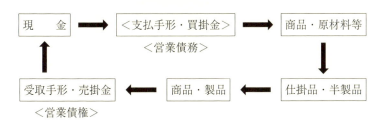

図表5-6 営業循環過程

(2) 貸借対照表の配列

　貸借対照表では，企業の財政状態の表示のために，とくに流動と非流動（固定）との区分が重視される。受取手形，売掛金，前払金等の，企業の主目的たる営業取引によって発生した債権（いわゆる営業債権）は，営業循環基準の適用により流動資産に属する。また，貸付金や，営業目的以外の取引によって発生した未収金等の債権（いわゆる営業外債権）で1年以内に入金の期限が到来するものは，1年基準の適用により，流動資産に属する。このように流動資産は，流動負債の返済に充てられるために流動負債よりも金額的に大きいこと，すなわち，流動比率（流動資産／流動負債）が1（100%）より大であることが望まれる。

　さらに流動資産においては棚卸資産よりも早く現金化する当座資産に関する項目が上位に配列される。このような当座資産が流動負債の返済に直接的に充当されることとなる。流動資産と流動負債に関しては，現金化しやすい項目から順に配列する方法は流動性配列法とよばれ，わが国ではこの配列法が一般に採用される。

　これに対し，固定資産や固定負債あるいは資本金等の固定性の高い項目から配列する方法は固定性配列法という。固定性配列法は，固定資産，固定負債の存在をより重視するものであり，どちらかといえば企業の担保能力さらには企業の財産状態の表示を重視するものとみられる。これは，わが国電力企業やドイツの多くの企業で採用されている。

第6章 資産の会計

I 資産の本質と分類

1 資産の本質

　企業の財政状態を表示する決算貸借対照表において，資産は企業資金の運用形態を示す。このような資産は，企業（実体）が取得しあるいは支配している経済的価値すなわち将来の経済的便益をもたらす能力をもつ経済的資源としてとらえられる。

　そこでは，売却価値（換金価値）をもつ資産（財産対象物）だけでなく，将来に効果が及ぶ特定の費用の繰延べである繰延資産や，法的な所有権はないが実質的に支配するリース資産等も含まれる。

2 資産の分類

　わが国の企業会計において，資産は，流動資産，固定資産および繰延資産に区分される。そして，固定資産に関しては，さらに有形固定資産，無形固定資産，投資その他の資産に区分される。なお，流動資産に関しては，当座資産，棚卸資産，その他の流動資産に分けられることがある。

II 流動資産

1 当座資産等

　当座資産は，流動資産の中でもとくに現金および容易に現金化し得る状態にある資産である。これには，①現金預金，②受取手形，③売掛金，④有価証券等が含まれる。

(1) 現金預金

　現金には，通貨（紙幣，硬貨），送金小切手，他人振出小切手，社債・公債の満期利札，郵便為替証書などが含まれる。預金には，当座預金・普通預金など金融機関に対する預金・貯金・掛金で1年以内に払戻し期限の到来するものが含まれる。

　銀行で当座預金口座を開設すれば，小切手を振出して取引の決済が可能となる。小切手を使用すれば巨額の現金を持ち歩かなくて済むなど，ビジネスに役立つことが多い。さらには，一定期間必要とする小口現金について小切手を振出して用度係に前渡しする方法は定額資金前渡制（インプレストシステム）という。この場合，用度係から支払明細報告を受けてそれと同額を補給することにより小口現金の管理を行うことができる。

　なお，記帳処理上は，当座預金・当座借越（負債）あるいは両者を合わせた当座勘定や小口現金等の勘定科目を用いて個別に処理することもあるが，貸借対照表上には現金預金（あるいは現金及び預金，現金・預金）として一括して記載する。

(2) 受取手形および売掛金

　受取手形は，得意先との間の営業取引に関して発生した手形債権である。受取手形は，これを銀行で割引き現金化することができるため，売掛金よりも流動性が高いと解される。

　売掛金は，通常の取引に基づいて発生した営業上の未収金である。役務の提

供による営業収益で未収のものも含まれる。

受取手形や売掛金は営業上の金銭債権として位置づけられる。ただし，破産更生債権等で1年以内に回収されないことが明らかなものはここには含まれない。なお，このような営業上の金銭債権に関しては貸倒れをあらかじめ見積った貸倒引当金をこれらの金銭債権の控除項目として記載する。

(3) 有価証券

流動資産における有価証券には売買目的の有価証券および決算期後1年以内に満期が到来する社債その他の債券が含まれる。売買目的有価証券は，期末時点の時価で評価し，その評価差額は当期の損益として処理する。

(4) 当座資産の意義

当座資産は，流動負債を容易に返済可能な資産の額を示す。当座資産と流動負債との比率は当座比率（当座資産／流動負債）とよばれ，企業の支払能力の判断にあたり流動比率だけでなくこの比率も高い方が望ましい。

2 棚卸資産

(1) 棚卸資産とその評価

棚卸資産としては，①商品，②製品，③半製品，④原材料・材料，⑤仕掛品，⑥貯蔵品等があげられる。商品は，商品売買業（商業）を営む企業が販売の目的をもって所有する物品である。製品は，製造業（工業）を営む企業が販売の目的をもって所有する製造完成品（生産品）である。仕掛品は，製品生産のために現在仕掛中のものである。仕掛品の中でも部品のように外部に販売できる物は半製品とよばれる。原材料や材料は製品の製造過程において使用される物品である。貯蔵品等は，消耗品，消耗工具器具備品等で経費や材料費として処理されなかったもので貯蔵中のものである。

棚卸資産の評価に関しては，原則として購入代価または製造原価に引取費用等の付随費用を加算してその取得原価を算定する。棚卸資産の取得価額がその受入時によって異なる場合，棚卸資産の取得原価を期末の棚卸資産原価と期間費用（売上原価，材料費）とに配分するため，個別法，先入先出法，平均原価

法等の費用配分法（原価配分法）が適用される。

そして，最終的には，原価と時価とのいずれか低い方の価額をもって棚卸資産の価額とする，低価法（低価基準）が適用される。

(2) 棚卸資産と費用配分

棚卸資産価額（取得原価）の決定にあたっては，以下のような費用配分法が適用される。

① 個別法

これは，個々の実際原価によって期末棚卸品の価額を算定する方法である。したがって，この方法では，基本的には払出しの都度その財の取得原価を個別に調査し，これを払出価額とする。

② 先入先出法

これは，最も古く取得したものから順に払出しがなされ，期末棚卸品は最も新しく取得されたものからなるとみなして期末棚卸品の価額を算定する方法である。この方法は，受入順（買入順）に払い出すという仮定に立つところから買入順法ともよばれる。生鮮食品や新聞雑誌類はじめ多くの商品があてはまる。

③ 平均原価法

これは，取得した棚卸資産の平均原価を算出して期末棚卸品の価額を算定する方法である。これには，移動平均法と総平均法とがある。

(a) **移動平均法**……棚卸資産の受入れの都度，この受入品を含む受入残高金額を同数量で除して単価（平均原価）を算定する方法である。この方法は，在庫品と新規受入品とが同一空間（容器）内で混ざり合う，石油類，飲料，小物雑貨類等にあてはまる。

(b) **総平均法**……期首繰越高と一定期間内の受入金額の合計を，その期首繰越数量と受入数量の合計で除すことによって単価を算定する方法である。

設例6-1

(1) 下記の資料に基づいて，①先入先出法・②移動平均法・③総平均法による場合の売上総利益・期末棚卸高を計算しなさい。

(2) 下記の資料で，15個の売上げのうち8個は1日の商品，7個は10日の商品であった。この場合に④個別法による売上総利益等の計算を行いなさい。

1日	仕入	10個	@ 80
10日	仕入	15個	@ 60
20日	売上	15個	@ 150
30日	仕入	10個	@ 50

各方法による売上原価と期末棚卸高の計算を以下に示す（@＝単価）。

① 先入先出法
　　売上原価＝10個×@80＋5個×@60＝1,100円
　　期末棚卸高＝10個×@60＋10個×@50＝1,100円

② 移動平均法
　　10日までの受入品単価（移動平均単価）
　　＝（10個×@80＋15個×@60）÷（10個＋15個）＝@68
　　売上原価＝15個×@68＝1,020円
　　期末棚卸高＝10個×@68＋10個×@50＝1,180円

③ 総平均法
　　期末平均単価＝（10個×@80＋15個×@60＋10個×@50）÷（10個＋15個＋10個）＝@62.86
　　売上原価＝15個×@62.86＝943円
　　期末棚卸高＝20個×@62.86＝1,257円

④ 個別法
　　売上原価＝8個×@80＋7個×@60＝1,060
　　期末棚卸高＝2個×@80＋8個×@60＋10個×@50＝1,140円

	①先入先出法	②移動平均法	③総平均法	④個別法
売上高	2,250	2,250	2,250	2,250
売上原価	1,100	1,020	943	1,060
売上総利益	1,150	1,230	1,307	1,190
期末商品棚卸高	1,100	1,180	1,257	1,140

④ 売価還元原価法

これは，異なる品目の棚卸資産をその値入率，回転率に従って適当なグループにまとめ，そのグループごとに原価率を求め，その売価合計額に原価率を適用して期末棚卸品の原価額を算定する方法である。

$$原価率 = \frac{期首繰越商品原価 + 当期受入原価総額}{期首繰越商品小売価額 + 当期受入原価総額 + 原始値入額 + 値上・同取消額 - 値下・同取消額}$$

この方法は，取扱品種が非常に多く，各品目毎の単位原価をもって商品等を評価することが困難な小売業および卸売業において適用される。なお，低価法（売価還元低価法）による原価率は，上の売価還元平均原価法による原価率の式の分母における「値下・同取消額」を除いて算定する。

このような棚卸資産の貸借対照表価額と期間費用を決定するにあたっては，その計算の基礎にある棚卸資産の数量を把握する必要がある。この数量的把握の方法としては，(1) 継続記録法（払出基準），(2) 期末棚卸法ないし棚卸計算法（棚卸基準），(3) 逆計算法（生産高基準）があげられる。上記のような棚卸品の費用配分における数量的把握にあたっては，継続記録法が採用されることが望ましい。なお，継続記録法が採用される場合にも，期末に実地棚卸が実施され，帳簿価額（帳簿棚卸）と実際有高（実地棚卸）との調整がなされる。

(3) 棚卸資産の低価法評価

通常の販売目的で保有する棚卸資産について，期末時価が取得原価よりも下落している場合，この時価をもって貸借対照表価額とし，その取得原価とこの時価との差額（簿価切下額）は費用として処理する。ここでの時価は，売価（売

却市場の時価）から見積追加製造原価・販売直接経費を控除した「正味売却価額」を用いる。

　通常の販売目的で保有する棚卸資産について，収益性の低下による簿価切下額は，通常，売上原価に含める。それが，棚卸資産の製造に関して不可避的に発生すると認められるときは製造原価として処理する。また，この簿価切下額が，臨時の事象（重要な事業部門の廃止・災害損失の発生）に起因し，かつ多額であるときには特別損失に計上し，この簿価切下額の戻入れを行ってはならない（棚卸資産会計基準17）。

　なお，トレーディング目的で保有する棚卸資産に係る損益は，原則として純額で売上高に表示する（同基準19）。

　このように棚卸資産の評価に関しては，正味売却価額の下落による収益性の低下という観点から低価法が原則とされる。棚卸資産の場合，販売により投下資金の回収を図るため，正味売却価額が帳簿価額よりも低下しているときには，収益性が低下しているとみて，帳簿価額を正味売却価額まで切り下げることが他の会計基準－たとえば，後にみる「減損会計基準」－における考え方とも整合的であるという考えに基づくものである（同基準40）。

3　その他の流動資産

　その他の流動資産は，当座資産・棚卸資産以外の流動資産である。これには①前払金（前渡金），②短期の前払費用，③繰延税金資産，④その他（1年以内で現金化できると認められるもの）等が含まれる。

　前払金（前渡金）は商品や材料等の受入れに関する前払額である。前払費用は継続的に役務を受ける契約に基づき，いまだ受け入れていない役務に対して支払った前払額である（例，前払家賃）。

　その他としては，未収収益（継続的な役務提供契約により提供した役務の対価の未収額），短期貸付金（金融手形を含む），株主・役員・従業員に対する短期債権等があげられるが，その金額が重要なものについては当該科目をもって区分表示する必要がある。

　受取手形，売掛金その他の債権の貸借対照表価額は，債権金額または取得価額から正常な貸倒見積高（貸倒引当金）を控除した金額とする。

Ⅲ 固定資産

1 有形固定資産とその取得原価

建物，構築物，機械装置，船舶，車両運搬具，工具器具備品，土地，建設仮勘定等の資産は，長期にわたる使用を目的として所有される有形固定資産である。建設仮勘定は，建設中の建物・設備等について支出額等を一時的に記載しておく勘定であり，完成時には建物・機械装置等の該当する固定資産に振り替えられる。有形固定資産の取得原価には，原則として当該資産の引取費用等の付随費用も含まれる。

有形固定資産の多くは，その使用あるいは時間の経過に伴って価値が減少する。このため，その取得原価を，定額法，定率法等の一定の減価償却方法によってその耐用期間にわたって配分する必要がある。減価償却を要する有形固定資産は，償却性資産とよばれる。償却性資産は，通常，その取得原価から減価償却累計額を控除した価額をもって貸借対照表価額とする。

また，固定資産または固定資産のグループの収益性の低下によってその投資額の回収が見込まれなくなったときは，一定の条件下で，その資産の取得原価を回収可能価額まで減額し，減損損失を認識計上する，減損会計が適用される。

2 有形固定資産と費用配分──減価償却

(1) 減価償却の目的と意義

減価償却は，費用配分の原則に基づいて有形固定資産の取得原価を当該資産の耐用期間にわたり各事業年度に費用として配分することである。減価償却の最も重要な目的は，適正な費用配分を行うことによって，毎期の損益計算を正確ならしめることである。この他にも，減価償却には投下資本回収計算，当該固定資産の取替資金準備，自己金融等の情報的意義を有する。

(2) 減価の発生原因と費用配分の基準

償却性資産における減価の発生原因には，物理的原因と機能的原因とがあげ

られる。物理的原因は，使用や時の経過によって固定資産が摩滅損耗することによる。また，機能的減価は，物理的にはいまだ使用に耐えるが，技術革新や需要変化等の外的事情により固定資産が陳腐化あるいは不適応化することによるものである。

このような減価の発生原因（物理的原因）と費用配分基準との関係についてみれば，減価が主として時の経過を原因として発生する場合には期間（年数）を配分基準とし，また，減価が主として固定資産の使用に比例して発生する場合には生産高（ないし用役の提供度合）を基準として，それぞれ減価償却方法を選択するのが合理的である。なお，固定資産の費用配分に関しては，減価償却だけでなく，半発生主義に属する取替法の適用もまた認められている。

(3) 減価償却計算の前提と計算方法

減価償却の計算にあたっては，①固定資産の取得原価のほかに，②耐用年数あるいは総使用可能総量，③残存価額を予定する必要がある。減価償却の方法としては，①定額法，②定率法，③級数法，④生産高比例法が代表的である。

① 定額法

これは，固定資産の耐用期間中，毎期均等額の減価償却費を計上する方法である。

$$減価償却費 = \frac{(取得原価 - 残存価額)}{耐用年数（n）}$$

② 定率法

これは，固定資産の耐用期間中，毎期期首未償却残高（＝取得原価－減価償却累計額）に一定率を乗じて減価償却費を計上する方法である。

$$減価償却費 = 未償却残高 \times 定率（r）$$
$$定率（r） = 1 - \sqrt[n]{残存価額 \div 取得原価}$$

③ 級数法

これは，固定資産の耐用期間中，毎期一定の額を算術級数的に逓減した減価償却費を計上する方法である。たとえば，耐用年数5年の固定資産に関しては

より具体的には，第1期の減価償却費は，1から耐用年数5までの算術級数の総和（1+2+…+5 = 15）を分母とし，残存耐用年数（第1期 = 5，第2期 = 4，…第5期 = 1）を分子とする償却率を，取得原価から残存価額を控除した要償却額に乗じることによって算定される。

$$減価償却費 = （取得原価 - 残存価額） \times \frac{残存耐用年数}{(1+2+\cdots+n)}$$

級数法では，毎期の減価償却は算術級数的に減少する。それは，定率法によるほどには急激ではないが，期間の経過につれて減少する点では類似している。

> **設例6-2** ある設備の取得原価500,000円，残存価額50,000円，耐用年数5年である。この設備の減価償却費を（a）定額法，（b）定率法（定率 r = 0.369），（c）級数法によって計算し，その計算結果を比較しなさい。
> （*円未満を切り捨て，端数は最終年度で調整する。）

(a) 定額法

毎期の減価償却費 = （500,000 − 50,000）÷ 5 = 90,000 円

(b) 定率法

第1期：　　　　　　500,000 × 0.369 = 184,500 円
第2期：（500,000−184,500）× 0.369 = 116,419 円
第3期：（500,000−300,919）× 0.369 = 73,460 円
第4期：（500,000−374,379）× 0.369 = 46,354 円
第5期：　　　　　450,000 − 420,733 = <u>29,267 円</u>*
　　　　　　　　　　　　　　　　　　<u>450,000 円</u>

(c) 級数法

この問題では耐用年数5年であるから，分母は15となり，分子は第1期 = 5，第2期 = 4，…第5期 = 1となる。これより第1期の減価償却費は次のように計算される。

$$（500,000 - 50,000） \times \frac{5}{15} = 150,000 円$$

以下，同様にして，第2期＝120,000円，第3期＝90,000円，第4期＝60,000円，5期＝30,000円となる。

(d) 結果の比較

以上の計算結果を一覧表示すれば，次のように示される。

	第1期	第2期	第3期	第4期	第5期
定額法	90,000	90,000	90,000	90,000	90,000
定率法	184,500	116,419	73,460	46,354	29,267
級数法	150,000	120,000	90,000	60,000	30,000

また，これらの各計算に基づく減価償却費を図示すれば，**図表6-1**のような費用曲線で示される。

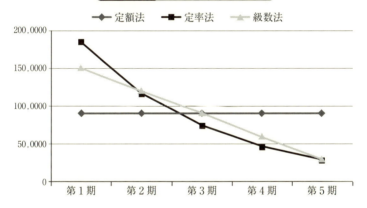

図表6-1 減価償却費の費用曲線

④ 生産高比例法

これは，固定資産の耐用期間中，毎期当該資産による生産または用役の提供の度合に比例して減価償却費を計上する方法である。

$$減価償却費 = （取得原価 － 残存価額） \times \frac{当期実際産出量}{予定総産出可能量}$$

生産高比例法の適用の要件としては，次の2つがあげられる。

> (a) 当該固定資産の総使用可能量が物理的に確定できること
> (b) その減価が主として固定資産の使用に比例して発生すること

生産高比例法が適用されうる資産としては，例えば次のものがある。

> (a) 鉱業用固定資産
> (b) 運転時間（距離）法が適用されうる航空機・自動車（バス，タクシー）等
> (c) 無形固定資産たる鉱業権，採掘権，採取権等として示される鉱山業における埋蔵資源，森林資源等の減耗資産（減耗償却）

設例6-3 取得原価500,000円，残存価額50,000円の鉱業用機械について，その耐用期間中の鉱山の総採掘量は2,000,000トンと予定されている。当期の実際採掘量は，400,000トンであった。

当期の減価償却費は，次のようになる。

$$(500,000 円 - 50,000 円) \times \frac{400,000}{2,000,000} = 90,000 円$$

(4) 総合償却

個別償却では，個々の資産単位について個別的に減価償却計算と記帳とがなされる。これに対して，全体資産あるいは資産のグループごとに減価償却を行う場合，総合償却と称される。

総合償却では，減価償却額は各資産の要償却合計額（＝取得原価合計額－残存価額合計額）を平均耐用年数で割ることによって算定される。全体資産あるいはグループ資産について平均耐用年数を求める必要がある。

> 減価償却費＝（取得原価合計額－残存価額合計額）÷平均耐用年数
> 平均耐用年数＝（取得原価合計額－残存価額合計額）÷年償却合計額

(5) 減価償却の処理

減価償却の処理には，直接法と間接法とがある。直接法は，減価償却費を借方計上するとともに，同額を当該固定資産の減少として貸方へ計上し，直接にその固定資産価額を減額する方法である。直接法は，無形固定資産や繰延資産に適用される。

間接法は，有形固定資産について，減価償却費を借方計上するとともに，同額を減価償却累計額として貸方に計上する。この方法では，固定資産の帳簿価額は直接減額されることなく，そのまま次期へ繰り越される。

> **設例6-4** 取得原価1,000千円，残存価額100千円，耐用年数4年である設備の減価償却費を定額法により計上した。

有形固定資産である設備については間接法により処理する（単位：千円）。

（借）減 価 償 却 費　　　　225　　（貸）減価償却累計額　　　　225

(6) 貸借対照表上の表示方法と情報的意義

（間接法による場合の）減価償却（累計額）の貸借対照表上の表示に関しては，次のような方法が認められている。

> ① **貸借対照表本体表示方式**
>   (a) 科目別控除形式——有形固定資産が属する科目ごとに減価償却累計額を控除形式で表示する。
>   (b) 一括控除形式——2つ以上の科目について，減価償却累計額を一括記載する。
> ② **注記方式**——有形固定資産について減価償却累計額控除後の残高のみを記載し，当該減価償却累計額はこれを注記する。これにも，(a) 科目別注記形式と (b) 一括注記形式とがある。

減価償却費は現金支出を要しない費用（非現金費用・非支出費用）であり，それは売上高からの回収額を意味する。それは，将来の取替（再建築）資金となるとともに，取替の時期までは企業が自由に使える資金（自己金融・内部財務）

としてとらえられる。企業の経営者にとって，留保利益と減価償却費とはコストがかからずに自由に使用できる資金（粗キャッシュ・フロー）となる。

　減価償却費の間接法による記帳処理と表示は，固定資産の取得原価と減価償却累計額とから，投下資本の回収状態ならびに取替資金の準備状態を知り，未償却残高から未回収額（未費消原価）を知るのに役立つ。企業の財政状態をより明瞭に表示し，利害関係者のより適切な判断に役立つという観点からは，（重要な項目は特に）科目別控除形式が望ましいとみられる。なお，無形固定資産や繰延資産に対して直接法が採用されるのは，これを取り替える必要がないことも1つの理由としてあげられるであろう。

3　無形固定資産

　無形固定資産は，有形固定資産のようにその存在を示す具体的可視的な財の形態を示さないが，長期にわたって企業に経済的な便益ないし法的な保護をもたらす資産である。これには，のれん（Goodwill）のように営業の取得によって獲得された超過収益力ないし経済的優位性の評価を示すものと，主として法律の保護によって長期間企業に経済的便益をもたらす，特許権，実用新案権等のような法律上の権利と，さらにソフトウェアとがあげられる。

(1)　のれん
①　主観のれん

　のれんは，本来，企業ないし特定営業単位の超過収益力を意味する。とくに，企業自身が自ら創り出した超過収益力は，「主観のれん」あるいは「自己創設のれん」といわれる。これは，当該営業単位の将来キャッシュ・フローの割引現在価値によって評価することが考えられる。しかし，現在のところ，このような主観のれん（自己創設のれん）の貸借対照表計上は認められない。

②　客観のれん

　貸借対照表計上が認められるのはいわゆる有償で取得した事業等から生じるのれん，すなわち「客観のれん」とか「買入のれん」とよばれるものである。のれんは，有償で譲受けあるいは合併等によって取得した事業の純資産時価評価額と取得の対価として支払った額（買取額）との差額である。その取得額が

純資産評価額を超える場合の差額は正ののれんであり，借方資産に計上される。

なお，のれんは一定の期間内（20年）で規則償却する。のれんの償却額は販売費及び一般管理費に含める。これが逆の場合つまり事業をより割安で取得した場合，その差額は「負ののれん」となるが，こちらは即時償却つまりその期の特別利益に直ちに計上（「負ののれん発生益」）する（財規84条，95条の2）。

> **設例6-5** 期首に資産合計1,000千円・負債合計600千円の企業を，500千円で取得し，小切手を振り出して支払った。また，各期末には5年にわたって規則償却する。

<期首> （単位：千円）
（借）諸　資　産　　1,000　　（貸）諸　負　債　　　600
　　　の　れ　ん　　　100　　　　　当　座　預　金　　500

<期末>
（借）のれん償却　　　20　　（貸）の　れ　ん　　　　20

のれん等の無形固定資産の償却については直接法で処理する。

(2) 法律上の権利

無形固定資産に含まれる法律上の権利としては，いわゆる「工業所有権」と総称される特許権・実用新案権・商標権・意匠権や，借地権（地上権を含む），鉱業権，漁業権，水利権，版権，著作権等がある。これらの法律上の権利については，原則として一定の耐用期間にわたってその取得原価の全額を定額法によって償却する（残存価額はゼロ）。ただし，鉱業権については生産高比例法による償却が考えられる。

(3) ソフトウェア

研究開発目的のソフトウェア制作費に関しては研究開発に該当する部分は発生時に費用処理する。研究開発目的以外で受注制作のソフトウェアについては請負工事の会計処理に準じて処理する。

市場販売目的のソフトウェアに関しては，製品マスターの制作費のうち，研究開発費該当部分および機能維持に要した費用を除いた額を無形固定資産に計

上する。自社使用のソフトウェアに関しては，将来の収益獲得あるいは費用削減が確実であると認められる場合に，将来収益との対応等の観点から，その取得に要した費用を無形固定資産に計上する。

無形固定資産に計上したソフトウェアの取得原価は，当該ソフトウェアの性格に応じて，見込販売数量に基づく償却方法その他合理的な方法により償却する（研究開発費等会計基準３参照）。

4　投資その他の資産

投資その他の資産には，投資有価証券，関係会社株式，関係会社社債，その他の関係会社有価証券，出資金，関係会社出資金，長期貸付金，株主・役員・従業員に対する長期貸付金，関係会社長期貸付金，破産更生債権等，長期前払費用，繰延税金資産等が含まれる。

ここで，関係会社は子会社と関連会社との総称である。流動資産に属しない有価証券のうち，関係会社有価証券（株式，社債，その他有価証券）を除いたものは投資有価証券として記載される。繰延税金資産は，税効果会計の適用によって生じ，長期の前払税金の効果を有する繰延法人税等である。

Ⅳ　繰延資産

1　繰延資産の性格

繰延資産は，すでに発生した費用であるが，その効果が将来の期間にわたって発現するものと期待されるがゆえに，その効果が及ぶ数期間に合理的に配分するため，経過的に貸借対照表に計上することが認められる。これには，現在，①創立費，②開業費，③株式交付費，④社債発行費等，⑤開発費があげられる。これらの繰延資産はなんら財産価値（担保価値ないし換金価値）を有しないため，債権者保護および保守主義の観点から一定の期間内に早期に償却することが求められる（「繰延資産実務対応」参照）。

2 繰延資産の償却

創立費・開業費は、会社成立あるいは開業のときから5年以内に定額法によって償却する。株式交付費は新株発行・自己株式処分のために直接支出した費用である。これは、株式交付のときから3年以内のその効果の及ぶ期間にわたって定額法によって償却する。

社債発行費等は、社債発行・新株予約権発行のために直接支出した費用である。社債発行にかかる費用に関しては社債の償還までの期間にわたり利息法により償却するが、定額法による償却も認められる。新株予約権発行にかかる費用については、その発行のときから3年以内のその効果の及ぶ期間にわたって定額法によって償却する。

開発費は、新技術または新経営組織の採用、資源の開発、市場の開拓等のため支出した費用、生産能率の向上または生産計画の変更により、設備の大規模な配置替えを行った場合等の費用をいう。ただし経常費の性格をもつものは含まれない。開発費は、その支出のときから5年以内のその効果の及ぶ期間にわたって定額法その他の合理的な方法により償却する。

Ⅴ 現代会計と資産計上項目の拡張

伝統的会計では企業が所有する資産がおもに貸借対照表に計上されてきた。そこには、のれんや繰延資産のようにそれ自体売却価値（市場価値）を持たないけれど、企業にとっては用役潜在性ないし将来の経済的便益を持つものも含まれる。これに対し、現代会計では、例えばリース資産のように法的所有権を持たないけれど、企業が支配し将来の経済的便益をもたらすような経済的資源も貸借対照表に計上するようになった。したがって、現代会計では企業が所有しあるいは支配する資産が貸借対照表に計上されることとなった。

第7章 負債・純資産の会計

I 貸借対照表負債・純資産

1 負債の本質と区分

負債は，第三者（債権者）からの企業資金の調達源泉を示すとともに，おもに企業（実体）の現在の義務から生じる，将来における経済的資源の移転ないし将来の経済的便益の犠牲である。負債は流動負債と固定負債とに区分される。そこには確定債務のほかに見積項目たる（負債性）引当金が含まれる。

2 純資産の本質と区分

純資産の部は，所有主からの企業資金の調達源泉を示すとともに，負債を差し引いた後に残っている資産の残余つまり残余持分ないし残余請求権を示す。純資産の部は，以下のように4つの項目に大きく区分される。

　I　株主資本
　II　評価・換算差額等
　III　株式引受権
　IV　新株予約権

株主資本には，資本金・資本剰余金・利益剰余金・自己株式が含まれる。自己株式の保有は，実質的には株主への払戻しによる減資と見られるべきものであり，株主資本の控除項目としてとらえられる。

評価・換算差額等は，特定の資産の時価評価等に基づく差額であり，未実現

損益として繰り延べられる純資産部分としてとらえられる。

株式引受権は取締役の報酬等として株式を無償交付する取引に関するものである。新株予約権は，企業が将来において新株を発行するか自己株式を移転する権利を与える契約である。予約権者が権利を行使しない時，この新株予約権は，返済義務がなく，特別利益となる。

II 負債の会計

1 負債の分類

流動負債に属する負債には，取引先との通常の商取引によって生じた支払手形，買掛金等の債務（いわゆる営業債務）と期限が1年以内に到来する債務（短期営業外債務），通常1年以内に使用される見込みの引当金（短期の引当金）などが含まれる。また，固定負債には，社債，長期借入金等の長期債務と，通常1年を超えて使用される見込みの引当金（長期の引当金）が含まれる。引当金には，貸倒引当金のような資産控除項目としての評価性引当金もあるが，負債の部には，負債性引当金が記載される。

負債の主要な科目についてあげれば図表8-1のように示される。これ以外にも，リース債務，資産除去債務等もあるが，これに関しては後の章で説明する。

図表8-1 負債の分類と主要科目

負債	流動負債	支払手形，買掛金，短期借入金[*]，未払金，未払費用，繰延税金負債，前受金，前受収益，預り金[*]，引当金（短期），その他
	固定負債	社債，長期借入金[*]，引当金（長期），繰延税金負債，その他

[*] ただし，株主，役員，従業員または関係会社からのもの（短期借入金・預り金・長期借入金）を除く。

2 流動負債

流動負債には，具体的には次のようなものがあげられる。

① 支払手形……通常の取引に基づいて発生した手形債務であり，仕入先との間に発生した営業取引に関する手形債務である。
② 買掛金……仕入先との通常の取引に基づいて発生した営業上の未払額である。役務の受入れによる営業上の未払額を含む。
③ 短期借入金……支払期日が1年以内に到来する借入金であり，金融手形（手形借入金）および当座借越も含まれる。
④ 未払金……買掛金以外の取引（営業取引・営業外取引）に関連して発生する短期の未払額である。
⑤ 未払費用……継続的な役務契約に基づき，すでに提供された役務に対する未払額である（例，未払賃金給料，未払利息，未払賃借料等）。
⑥ 前受金……受注工事や受注品等に対する前受額である。
⑦ 前受収益……継続的な役務契約に基づき，いまだ提供していない役務に対する前受額である（例，前受賃借料，前受手数料等）。

このほかに，営業上の取引に関連して発生する短期の預り金，賞与引当金・工事補償引当金・修繕引当金のように通常1年以内に使用される見込みの引当金，株主・役員・従業員からの短期借入金・預り金や未払法人税等も流動負債に計上される。

流動負債のうち重要でないものや，仮受金その他の未決算勘定であって貸借対照表日においてその具体的な勘定や金額の未確定なものは，その他の負債として計上することができる。また，デリバティブ取引等により生じる正味の債務等も　その他の負債に含まれるが，金額的に重要なものについては当該債務等の内容を示す名称を付した科目をもって記載する。

3　固定負債

(1)　固定負債の種類
固定負債には，次のようなものが含まれる。

> ① **社債**……企業が社債券を発行することによる借入債務である。
> ② **長期借入金**……ここには長期の金融手形も含まれる。ただし，株主，役員，従業員または関係会社からの長期借入金はここに含まれず，その他の負債に含めるかまたは区分表示する。
> ③ **引当金**……退職給付引当金，特別修繕引当金のように，通常1年を超えて使用される見込みのもの。
> ④ **繰延税金負債**……繰延税金負債は固定負債に属する。繰延税金資産と相殺して繰延税金負債が大きい場合に計上される。

(2) 社債の処理
① 社債とその発行

社債は，株式とならぶ企業の証券資本調達の重要な手段である。株式は企業が株主から調達する株主資本（自己資本）であるのに対し，社債は企業が社債券の発行により社債権者から調達し，償還期限には返済する借入資本（他人資本）である。社債はその償還期限内に毎期一定の社債利息が支払われる。株式の場合，配当は毎期一定ではないし，支払われないこと（無配）もある。

社債の発行にあたっては，その発行価額が額面額を上回る場合（打歩発行），両者一致する場合（平価発行），発行価額が額面額を下回る場合（割引発行）が考えられる。わが国では割引発行が一般的である。

社債を額面額よりも低い価額で発行した場合，その社債発行価額を貸借対照表価額とし，償還期限にわたって毎決算期にその貸借対照表価額を増額する（借方には社債利息（支払利息）計上）。社債の額面金額と発行価額との差額が金利の調整と認められる場合は利息法を適用する。

② 社債の償還

社債償還の方法に関しては，(1) 満期償還（定時償還），(2) 抽選償還，(3) 買入償還がある。買入償還のようにその買入価額と額面金額との間に差があるときは，その差額につき社債償還損益を生ずる。抽選償還の場合に額面金額で償還されるときは，額面額と償却原価との差額分（および社債発行費の未償却分）が社債償還損となる。

③ 新株予約権付社債

社債に関しては，一般の社債（普通社債）のほかに新株予約権付社債がある。新株予約権付社債は，新株予約権を行使するときは必ず社債償還額が株式の払込金額に充当される社債である。新株予約権付社債は，権利の行使があったとき，資本金と株式払込剰余金（非組入額）に振り替えられる。

新株予約権付社債の発行時の処理にあたり，社債の対価部分と新株予約権の対価部分とに区分する場合，社債の対価部分は普通社債の発行に準じて処理する。新株予約権の対価部分は，純資産の部に計上し，権利が行使されたときは，株主資本（資本金・株式払込剰余金）に振り替え，行使されずに権利行使期限が到来した時は特別利益（新株予約権戻入益）として処理する。

4 引当金

(1) 引当金とその設定要件

引当金は，適正な期間損益計算のため，費用（収益控除を含む）または損失を見積計上するために設定される貸方項目（資産控除項目および負債項目）である。引当金は次の要件を充足する場合に計上される（企業会計原則注解・注18）。

> ① 将来の特定の費用または損失であること
> ② その発生が当期以前の事象に起因すること
> ③ その発生の可能性が高いこと
> ④ その金額を合理的に見積ることができること

(2) 引当金の分類

引当金は，貸借対照表の観点から次のように分類される。

> ① **評価性引当金**（資産控除項目）――貸倒引当金
> ② **負債性引当金**（負債の部に計上）
> 　（a）**条件付債務としての引当金**（債務性のある引当金）製品保証引当金，工事補償引当金，賞与引当金，退職給付引当金，債務保証損失引当金等
> 　（b）**債務性のない引当金**
> 　　　修繕引当金，特別修繕引当金

条件付債務としての性格を有する退職給付引当金，製品保証引当金等はとくに引当金に関する規定が存在しなくても貸借対照表の負債として記載されうる。これに対し，債務性のない引当金は，かつて旧商法（旧商法施行規則第43条）により「特定の支出または損失に備えるための引当金」として，債務性はないが負債の部に計上することが認められていたものである。このような会計慣行を斟酌して現在も計上が認められるものである。

(3) 各種引当金

代表的な引当金について，以下に若干説明しておこう。

---

① **貸倒引当金**……売掛金，受取手形等の営業債権の貸倒見積額に係る引当金と，貸付金等の営業外債権について貸倒れの可能性の高いものに係る引当金とが区別される。これは評価性引当金であり，資産控除項目として扱われる。

② **製品保証引当金**……製品保証付きで販売された製品の保証期間内に予想される無償補修・修繕の見積計上に係る引当金

③ **工事補償引当金**……当期に完成し引き渡された請負工事に関する保証契約に基づき，工事の欠陥等による無償補修・修繕の見積計上に係る引当金

④ **賞与引当金，退職給付引当金**……労働協約等によって従業員に対して支給される賞与，退職給付（退職一時金，退職年金等）費用の見積計上に係る引当金

⑤ **修繕引当金**……企業が固定資産について経常的に行う当期修繕の未済分についての見積計上に係る引当金

⑥ **特別修繕引当金**……大型船舶や溶鉱炉等の数年に一度実施される大規模修繕に対する当期負担分の見積計上に係る引当金

⑦ **債務保証損失引当金**……企業の行った債務保証についてその保証責任を履行する可能性が高いものに係る引当金

⑧ **損害補償損失引当金**……企業の営業活動に関連して他者に与えた損害について，それを補償する責任を負う可能性が高い場合に，その要賠償見積額に係る引当金

これまで引当金計上が認められてきた，売上割戻引当金，返品調整引当金，景品費引当金，ポイント引当金等は収益認識基準の新設により，その給付（財

またはサービス）の履行義務を充足するに伴って収益を認識することとなった。これにより，値引・売上割戻（リベート）契約義務，返品引取契約義務，景品提供義務・ポイント契約義務等の履行によって認識される収益部分については，返金負債・契約負債として繰延べ処理することとなる。

5 特別法上の準備金

法律上強制あるいは許容される積立金は，通常，準備金と称される。会社法上の準備金たる資本準備金，利益準備金は，純資産の部に記載される。法律上の準備金としてはさらに，特別法上の準備金と税法（租税特別措置法）上の準備金とがあげられる。

特別法上の準備金は，会社法・税法以外の事業法たる特別法の規定によって，貸借対照表の負債の部に記載することが強制される準備金である。これには，たとえば渇水準備金（電気事業法），商品取引責任準備金（商品先物取引法）・価格変動準備金（保険業法）等があげられる。

なお，会社法以外の法令の規定により準備金または引当金の名称をもって計上しなければならない準備金または引当金であって，資産の部または負債の部に計上することが適当でないものは，固定負債の次に別の区分（「特別法上の準備金（又は引当金）」）を設けて表示しなければならない（財規54条の3）。

6 偶発債務

偶発債務とは，債務の保証（債務の保証と同等の効果を有するものを含む），係争事件に係る賠償義務その他現実に発生していない債務で将来において事業の負担となる可能性のあるものをいう。偶発債務でその発生の可能性が高くかつ他の引当金の計上要件を充たすものについては貸借対照表の負債の部に記載する。それ以外の重要な偶発債務については注記が求められる。ただし，重要性の乏しいものについては，注記を省略することができる。

また，求償権を生ずるおそれのある割引手形や裏書手形については，対照勘定による処理（義務および義務見返勘定）がなされる。

Ⅲ 株主資本の会計

1 株主資本の分類

株主資本には,おもに次のものが記載される。

> 1 資本金
> 2 資本剰余金
>   (1) 資本準備金(例－株式払込剰余金,合併差益,その他)
>   (2) その他資本剰余金(資本金及び資本準備金減少差益,自己株式処分差益等)
> 3 利益剰余金
>   (1) 利益準備金
>   (2) その他利益剰余金
>   ① 各種積立金
>   ② 繰越利益剰余金
> 4 自己株式

資本剰余金および利益剰余金のなかでも,法が特に定める剰余金部分は資本準備金および利益準備金と称される。したがって,資本剰余金はさらに資本準備金とその他資本剰余金とに区分され,利益剰余金はさらに利益準備金とその他利益剰余金とに区分される。

2 資本金と資本剰余金

(1) 資本金と資本準備金(株式払込剰余金)

株式会社の資本金の額は,原則として,設立または株式の発行に際して株主となる者が当該株式会社に対して払い込み,または給付した財産の額としてとらえられる。しかし,その払込みまたは給付に係る額の2分の1を超えない額は資本金に組み入れないことができる。資本金に組み入れない額は,資本準備金(株式払込剰余金)として処理する。

(2) 資本準備金の内容

資本準備金は，資本剰余金のうち法の規定によって積み立てられたものである。これには，次のようなものが含まれる。

> ① 払込資本のうち資本金に組み入れられなかった部分（株式払込剰余金）
> ② 企業結合・会社分割等により受入れた純資産額が資本組入額・増加額を超過する額（合併差益，株式交換差益，株式移転差益，会社分割差益）
> ③ その他資本剰余金による配当を行った場合の要積立額

(3) 合併等の企業結合・会社分割と資本準備金

合併等の企業結合や会社分割によって受け入れた純資産に対して，株式を交付する場合，純資産が資本金組入額（増加額）を超過する額は資本準備金に含まれる。

> ① **合併差益**……吸収合併や新設合併にあたり，被合併会社から承継した純資産の額が，その被合併会社の株主に対し交付した株式の額（および交付金額）を超過する額である。
> ② **株式交換差益**……「既存」の会社が子会社株式を100％所有する完全親会社となるために，子会社株主の株式を自社の株式（自己株式）と交換する場合に，完全子会社となる会社から引き継いだ純資産額が完全親会社の資本金組入額（および代用交付した自己株式額）を超過する額である。
> ③ **株式移転差益**……完全親会社を設立するために，完全子会社となる会社の株主に対して，「新設」親会社の発行する株式を割り当てる場合に，完全子会社となる会社の純資産額が新設完全親会社の資本金組入額を超過する額である。
> ④ **会社分割差益**……その営業の全部または一部を新設会社に承継させる新設分割や，既存の他の会社に承継させる吸収分割にあたり，承継する純資産が承継会社の資本金増加額を超過する額である。

(4) その他資本剰余金

その他資本剰余金は，資本準備金以外の資本剰余金をいう。これには，資本金及び資本準備金減少差益，自己株式処分益等が含まれる。

3 利益剰余金

利益剰余金は，毎期の利益の中から企業に留保されたものである。利益準備金は，このような利益剰余金のうち，会社法の規定によって強制的に積み立てられたものである。利益準備金以外の利益剰余金はその他利益剰余金となるが，これはさらに任意積立金と繰越利益剰余金とに区分される。

(1) 利益準備金

資本準備金の額と併せて資本金の4分の1に達するまで，剰余金の配当によって減少する剰余金の金額の10分の1以上を資本準備金または利益準備金として積み立てることが強制される。その場合に，利益準備金はその他利益剰余金による配当を基礎として積み立てられる。この利益準備金は，おもに債権者保護のために法的に積立てが強制されてきたものである。

(2) その他利益剰余金
① 任意積立金

任意積立金は，定款の規定，契約条項や株主総会の決議に基づいて，利益のなかから任意に積み立てられた利益留保項目である。これにはたとえば，減債積立金，新築積立金，事業拡張積立金，欠損塡補積立金等のような特定目的を課せられた積立金のほかに，特定目的を課せられない別途積立金も含まれる。これら任意積立金に属する剰余金については，それぞれ当該積立金の設定目的を示す名称を付した科目をもって掲記する。

ところで，特定目的の積立金のうち，減債積立金，新築積立金，事業拡張積立金等は，その目的達成後に取り崩され，再び剰余金処分等の財源となる。欠損塡補積立金，配当平均積立金は，それぞれ欠損塡補や株主への配当に充当するために取り崩された段階で消滅する。

② 繰越利益剰余金

　繰越利益剰余金は，基本的には，当期純利益と前期繰越利益剰余金とからなるが，任意積立金取崩額等もここに含まれる。さらに剰余金の配当に伴う利益準備金要積立額は，通常その他利益剰余金のうち，この繰越利益剰余金から振り替えられる。また，利益準備金を取り崩して剰余金処分の財源とする場合には，繰越利益剰余金に加算される。

4　資本金・準備金の増加・減少

(1)　資本金の増加（増資）等

　資本金の増加つまり増資には，新株発行による資本金の増加と同時に純資産の増加を伴う実質的増資のほかに，純資産の増加を伴わない形式的増資がある。
　実質的増資には，払込みによる新株発行，新株予約権付社債の権利行使，合併による新株発行などがあげられる。形式的増資としては，準備金（資本準備金）を資本金に組み入れる場合や，その他資本剰余金を資本金に組み入れる場合があげられる。

(2)　資本金の額の減少（減資）等

　他方，資本金を減少させるときは減資とよばれる。減資にも，純資産の減少を伴う実質的減資と，純資産の減少を伴わない形式的減資とがある。たとえば，事業縮小のために資本金組入額の一部を株主に払い戻し，あるいは発行済株式（自己株式）を買い戻し消却する場合，実質的減資となる。欠損金のてん補のために，株式を併合する場合，減資によって純資産は減少せず，形式的減資となる。減資は，極言すれば資本金0円まで減資することが認められるが，資本金の額を超えて行うことができない。なお，減資の場合の，準備金・剰余金への振替は，資本準備金とその他資本剰余金に対してのみ認められ，利益準備金およびその他利益剰余金への振替は認められない。
　減資によって減少した資本金および資本準備金の額が，株式の消却・払戻しに要した金額（実質的減資）および欠損の填補に充てた金額（形式的減資）を超えるその超過額は，「資本金及び資本準備金減少差益」あるいはそれぞれ「資本金減少差益」と「資本準備金減少差益」とに区分処理される。

(3) 準備金の額の増加・減少

剰余金の額を減少して準備金を増加させる場合，その他資本剰余金の減少は資本準備金の増加に限られ，その他利益剰余金の減少は利益準備金の増加に限って認められる。逆に，準備金を剰余金に振り替える場合，資本準備金はその他資本剰余金へ，利益準備金はその他利益剰余金へ振り替えることが認められる。

5 その他資本剰余金と自己株式の処分

資本金及び資本準備金減少差益は，元来，株式によって払い込まれた資本の一部であり，減資後も資本の一部として取り扱うことが必要であるため，その他資本剰余金に含まれる。

自己株式は，発行済株式の一部を再取得することにより生ずる株式であり，その取得は一種の減資と同じ効果を伴う。自己株式の処分（売却）は，払込資本の増加と同様の効果を有する。したがって，自己株式処分益は，株式払込剰余金と同様の効果を持つものとして，その他資本剰余金に含まれる。

自己株式処分損や自己株式の消却は，その他資本剰余金から減額する。それが，その他の資本剰余金の残高を超える場合（負の残高），その負の残高はその他の利益剰余金（繰越利益剰余金）から減額する。

資本剰余金の利益剰余金への振替は原則として認められない。ただし，利益剰余金が負の残高のときにその他の資本剰余金で補填することは認められる。それは，資本剰余金と利益剰余金との混同にあたらないと考えられる（自己株式等会計基準4～19参照）。

6 剰余金の配当

(1) 株主に対する剰余金の配当と配当禁止

株式会社はその株主（当該株式会社を除く）に対し，剰余金の配当をすることができる。その場合の剰余金は，期末剰余金に期末日後の剰余金を反映させて算定した額である。この剰余金の配当には，金銭による配当だけでなく，金銭以外の現物（財産）による配当も含まれる。また，分配可能額の範囲内で剰余金の配当を行う限り，その回数に制限なく行うことができる。

ただし，株式会社の純資産額が 300 万円を下回る場合には配当することはできない（会社法第 458 条）。

(2) 剰余金の配当に伴う準備金要積立額

剰余金の配当にあたっては，当該剰余金の配当により減少する剰余金の額（＝配当財産簿価総額＋金銭分配・支払合計額）に 10 分の 1 を乗じて得た額を準備金（資本準備金または利益準備金）として計上しなければならない（会社法第 445 条 4 項）。

剰余金配当後の資本準備金・利益準備金の要積立額に関しては，以下のように計算する。

> ① 剰余金配当の日における準備金が基準資本金額（資本金額の 4 分の 1）以上である場合，積み立ては必要ない（すなわち 0）。
> ② 剰余金配当の日における準備金が基準資本金額未満の場合，次の［A］，［B］のいずれか低い金額に，資本剰余金と利益剰余金との配当割合を乗じて要積立額を求める。
> ［A］＝配当日における準備金計上限度額（＝基準資本金額－準備金額）
> ［B］＝期末日後の剰余金配当額×1／10

(3) 剰余金の額

ここにいう剰余金の額とは，期末の剰余金だけでなく，さらに期末日後の剰余金の額を意味する。これは，剰余金の分配（配当）に関して，分配可能額の範囲内で期中に何回でも行うことができるため，期末の剰余金だけでなく，期末日後の剰余金について算定する必要があるからである。これより，次の関係が示される。

> ① 期末剰余金＝その他資本剰余金＋その他利益剰余金
> ② 剰余金の額＝期末剰余金＋期末日後の剰余金

期末剰余金から期末日後の剰余金を加減して剰余金の額が算定される。そのような剰余金の額に基づいて，資本金額・準備金額の増加，損失処理，配当等が行われる。

Ⅳ 評価・換算差額等・株式引受権・新株予約権

純資産の部には，上記の株主資本の他に，評価・換算差額等と株式引受権および新株予約権とが記載される（財規67条）。

1 評価・換算差額等

評価・換算差額等には，その他有価証券評価差額金，繰延ヘッジ損益，土地再評価差額金があげられる。

> ① その他有価証券評価差額金……純資産の部に計上されるその他有価証券の評価差額
> ② 繰延ヘッジ損益……ヘッジ対象に係る損益が認識されるまで繰り延べられるヘッジ手段に係る損益または時価評価差額
> ③ 土地再評価差額金……土地再評価法による土地再評価差額金

2 株式引受権および新株予約権

株式引受権は，取締役の報酬等として株式を無償交付する場合に記載する。新株予約権は，その予約権者がその権利を行使したときに，会社が約定に従って新株を発行するか自己株式を移転する契約である。新株予約権は単独で発行することもできるし，新株予約権付社債として発行することもできる。新株予約権の行使があったとき，資本金あるいは資本剰余金（株式払込剰余金）に振り替えられる。権利行使期限が過ぎても権利が行使されなかったとき，その新株予約権は特別利益（新株予約権戻入益）として処理される。

第8章 財務諸表の基本原則

I 企業会計の一般原則

　わが国の企業会計原則は，企業会計の実務の中に慣習として発達したもののなかから一般に公正妥当と認められたところを要約したものであり，必ずしも法令によって強制されないでも，すべての企業がその会計を処理するにあたって従わなければならない基準として設定された。それはまた，商法・税法等の関係諸法令が制定・改廃される場合に尊重されなければならないものとして位置づけられた。

　法令や慣習に基づく会計は制度会計と称される。企業会計原則は，いわば慣習に基づく広義の制度会計として，法令に基づく狭義の制度会計に対し重要な役割を果たしてきた。この企業会計原則の基底には，一定の基本的前提ないし基本的仮定が存在する。このような基本的前提ないし基本的仮定は，通常，会計公準と称される。これについてはすでに取り上げた。以下においては，企業会計の一般原則についてみていこう。

1　企業会計原則の構成

　わが国企業会計原則は，一般原則と個別原則たる損益計算書原則および貸借対照表原則とからなる。一般原則は，損益計算書原則と貸借対照表原則との両原則にかかわり，かつこれらの個別原則を支える一般的指針ないし基本的要請となる。そして，これらの原則を補足説明するものとして，企業会計原則注解が設けられている。

2　企業会計の一般原則

(1)　真実性の原則

「企業会計は，企業の財政状態及び経営成績に関して，真実な報告を提供するものでなければならない。」

　企業の財政状態および経営成績は，貸借対照表および損益計算書において表示される。このような財務諸表によって，企業に生起した経済的事実の真実かつ適正な写像の伝達を要求するのが真実性の原則である。

　ここにおける真実性は，多くの主観的な判断や見積り，複数の会計処理方法が認められたもとでの相対的な真実性である。相対的真実性は，会計記録が検証可能な客観的資料に基づいてなされることと，一般に認められた会計処理の諸原則・諸手続に従うこととによって支えられる。すなわち，①検証可能性ないし資料準拠性と，②一般的承認性ないし合原則性とが，真実性を支える2つの要件であると考えられる（阪本 1984a, 20頁）。

(2)　正規の簿記の原則

「企業会計は，すべての取引につき，正規の簿記の原則に従つて，正確な会計帳簿を作成しなければならない。」

　正規の簿記の原則は次のような要件からなる。①取引記録の網羅性，②取引記録の秩序性ないし合法則性，③取引記録の財務諸表誘導可能性，④会計帳簿の正確性（長期保存性）がこれである（阪本 1984a, 22頁）。

　この原則に関する注解（注1）として，重要性の原則があげられる。それは，重要性の乏しいものについては，本来の厳密な会計処理によらないで他の簡便な方法によることも正規の簿記の原則に従った処理として認めることを指示する。

(3)　剰余金区分の原則と資本・利益の区分

「資本取引と損益取引とを明瞭に区別し，特に資本剰余金と利益剰余金とを混同してはならない。」

　企業の財政状態および経営成績を適正に表示するためには，資本と利益とを

明確に区別することが求められる。資本取引は，直接的に企業資本の移転（増減）を伴う取引である。この資本取引から生じた剰余金は，資本剰余金と称される。損益取引は，企業利益の発生消滅に関する取引である。損益取引から生じた利益の留保額としての剰余金は利益剰余金と称される。

　剰余金区分の原則は，このような資本取引と損益取引とを明瞭に区別し，特に資本剰余金と利益剰余金とを混同してはならないことを要請する一般原則である。

(4) 明瞭性の原則

「**企業会計は，財務諸表によつて，利害関係者に対し必要な会計事実を明瞭に表示し，企業の状況に関する判断を誤らせないようにしなければならない。**」

　明瞭性の原則は，財務諸表（付記・付表を含む）について，会計事実を明瞭に表示し企業の状況に関する判断を誤らせないようにするために，表示にあたっては概観性を与えるとともに，重要な情報については明細性ないし詳細性をも備えるべきことを指示する。明瞭性の原則に従って，財務諸表の区分・配列・表示に関する各種基準が展開される。たとえば，貸借対照表に関する流動・固定の区分および流動性配列法，損益計算書に関する区分損益計算（営業・経常・純損益計算の区分）や報告式，さらに総額表示，注記・附属明細表の作成等があげられる。

(5) 継続性の原則

「**企業会計は，その処理の原則及び手続を毎期継続して適用し，みだりにこれを変更してはならない。**」

　継続性の原則に基づいて，いったん採用された評価基準ないし測定基準（原価基準，低価基準），棚卸方法，減価償却方法等は，毎期継続して適用し，正当な理由がない限りみだりにこれを変更してはならない。正当な理由によって会計処理の原則または手続に重要な変更を加えたときは，これを当該財務諸表に注記することが求められる。

(6) 保守主義の原則

「企業の財政に不利な影響を及ぼす可能性がある場合には，これに備えて適当に健全な会計処理をしなければならない。」

保守主義の原則は，会計処理の健全性と計算的確実性ならびに判断の慎重性を求めることにより，企業の財政的健全性を維持し，会計報告の信頼性を確保しようとするものであり，安全性の原則，慎重性の原則ともよばれる。

保守主義に基づく会計処理としては，一方において，予想される将来費用および損失はなるべく早めに見積り計上し，他方で，不確実な収益・利益は，確実になるまでできる限り慎重に処理することが求められる。このことから，たとえば営業収益に関しては，商品・製品等の販売によって，その経済価値の増加が実現してはじめて認識計上することが原則（実現主義）として指示される。この実現主義の原則は，この保守主義の原則に基礎をおくものである。また，営業収益を現金入金時点まで計上しないでおく現金主義は，過度の保守主義であり原則として認められない。

(7) 単一性の原則

「株主総会提出のため，信用目的のため，租税目的のため等種々の目的のために異なる形式の財務諸表を作成する必要がある場合，それらの内容は信頼し得る会計記録に基づいて作成されたものであって，政策の考慮のために事実の真実な表示をゆがめてはならない。」

単一性の原則は，異なる目的のためには異なる形式の財務諸表の作成を認めている（形式的多様性，形式多元）。しかし，その場合にも，その内容は信頼しうる会計記録に基づいて作成されたものであり，故意に操作してはならないことを求めている（内容的単一性，実質一元）。それとともに，会計記録に関しては単一のものでなければならず，二重帳簿があってはならないことを要求するものである（二重帳簿の禁止）。

3 会計原則・会計基準と現代会計

現代会計では，会計基準のグローバル化の影響のもとに，国際的な会計基準と概念フレームワーク（概念枠組み）の影響を強く受けるようになった。わが

国でも，そのような国際的な会計基準に従って，企業会計基準委員会を中心に各種の会計基準が設定されてきた。

わが国企業会計原則は，昭和57年（1982年）以降改訂されていない。したがって，最近の新会計基準と企業会計原則とは，必ずしも整合しない箇所がみられる。その場合には，当然のことながら，新しい会計基準への準拠が求められる。しかし，新しい会計基準・会計規定に織り込まれていない箇所に関しては，企業会計原則が，依然として一般に公正妥当と認められる企業会計の原則・基準ならびに企業会計の慣行として有効である。

II 損益計算書の基本原則

損益計算書に関する基本的な原則としては次のものがあげられるであろう。

1 完全性（網羅性）の原則と費用収益対応の原則

(1) 完全性（網羅性）の原則

損益計算にあたってすべての収益とすべての費用とをもれなく網羅しなければならない。ただし，重要性の乏しい項目についてはこれを簡便な会計処理により計上しないでおくことも認められる。その意味で，この原則は絶対的完全性ではなく，相対的完全性としてとらえられる。

(2) 費用収益対応の原則

費用収益対応の原則は，損益計算にあたりそのような費用および収益を対応計算することを求める原則である。費用収益が因果関係によって対応されうるか否かにより，因果対応と単純対応とに区別されうる。また，費用収益が個別的に対応されるかあるいは期間的に一括して対応されるかにより，個別対応と期間対応とが区別される。営業損益の計算では，営業収益と営業費用との期間的な因果対応がなされる。営業外収益と営業外費用との間には，直接的な因果関係を見いだすことが困難なため，期間的単純対応としてとらえられる。

2　費用・収益の認識

(1)　費用・収益の認識と発生主義

発生主義の原則は，すべての費用および収益をその発生した期間に正しく割り当てられるよう処理しなければならないことを要求する。発生主義は，費用および収益をその経済価値の費消（減少）および増加の事実が発生した時点において認識計上するといういわゆる認識に関する原則である。

(2)　収益の認識と実現主義の原則・収益認識基準

発生主義の原則にもかかわらず，収益の認識に関しては原則として未実現収益の計上が禁止され，実現主義が適用される。実現主義はまた，販売により給付（有形・無形の財）が外部へ提供され，その対価の受取りが確実となった時点で収益を認識計上するところから販売基準ともよばれる。他方，収益認識における発生主義は，生産に伴う経済価値増加の時点で収益を認識計上するところから生産基準とも称される。

さらに新たに設定された収益認識基準では，実現主義に対して検収基準および売上に関する給付契約の取引価格の分離計上といった制限が加わり，一層厳密化されるようになった，とみることができる。

3　費用・収益の測定と収支主義（収支的評価）の原則

すべての費用および収益の測定にあたっては，その支出および収入を基礎とする。これは，収支主義の原則，収支的評価の原則あるいは収支基準ともよばれる。これは，費用の測定にあたっては支出の額および将来の支出予定額を基礎とし，収益の測定にあたっては収入の額および将来の収入予定額を基礎として計上することを要求するものである。

なお，収支主義は測定にかかわり，現金主義は認識にかかわることに注意すべきである。現金主義は過去の収入の時点，過去の支出の時点で収益・費用を認識する。これに対し，収支主義は収益を（過去および将来の）収入にもとづいて測定し，費用を（過去および将来の）支出にもとづいて測定することを意味する。収支主義は，収益・費用の計上金額の決定にかかわる測定原則である。

4 費用・収益の分類と費用収益対応表示の原則

(1) 費用の発生源泉別分類

費用は，まずその発生源泉に従って明瞭に分類することが求められる。発生源泉別分類によるときは，費用は，ヒト・モノ・カネという経営の3要素に基づいて，人の労働用役の消費に関する人件費，有形の財の消費に関する物件費，企業外部からの無形の役務の購入消費による購入役務費（外部用役費）に大別され，これがさらに細分類される。原価計算における形態別分類では，製造費用は材料費・労務費・経費に大別され，これがさらに細分される。ただし，経費には材料費および労務費的な要素も含まれることがあり，購入役務費よりも複合的な性格をもつとみられる。発生源泉別分類は，性質別分類，要素別分類あるいは形態別分類ともよばれる。

(2) 収益・費用の機能別分類

収益は，ヒト，モノ，カネといった経営の3要素について発生源泉別に分類することは難しい。収益はむしろ経営活動の機能的結合によってもたらされるので，通常，機能別分類に基づいて営業収益と営業外収益とに分類される。

損益計算書の表示にあたっては，費用および収益は機能別に分類・表示される。より具体的には，損益計算書における売上高（営業収益），売上原価（商品仕入原価，製品製造原価），販売費・一般管理費，営業外収益（財務収益），営業外費用（財務費用）という区分は，機能別分類に基づくものということができる。

(3) 費用収益対応表示の原則

費用収益対応表示の原則は，企業の各種利害関係者（情報利用者）が経営成績に関する判断をより適切になしうるように，発生源泉別分類に基づいて分類された費用をさらに機能別分類に従って収益と明瞭に対応表示することを要求する原則としてとらえられる。

5 総額表示と純額表示

総額主義は，費用の項目と収益の項目とを相殺せずに総額で表示することを

要求する原則であり，相殺禁止の原則ともいわれる。損益計算書における総額表示の例としては次のものがあげられる。

> ① 売上原価の算定表示
> ② 支払利息等と受取利息等との相殺禁止

近年におけるさまざまの頻繁に行われる金融商品取引等についてこれを総額表示すると膨大な収益・費用の額が計上されることがある。このような情報利用者の判断を誤らせる可能性が高い時は，むしろ純額表示が求められることがある。

6 費用配分の原則

費用配分の原則は，資産の取得原価を資産の種類に応じた費用配分方法によって当該期間の費用と次期以降の費用（資産の繰越原価）とに配分することを要求する。その場合に，固定資産は，一定の減価償却の方法によって当期の減価償却費と次期以降の費用とに配分する。商品・製品などの棚卸資産は，個別法，先入先出法，平均原価法（移動平均法・総平均法）等の費用配分の方法によって当該期間の費用と次期以降の費用とに配分する。

費用配分の原則は，これを広く解するときは，発生主義に基づいて認識される費用（発生費用）を一定の基準によって発生した期間の費用に割り当てることを要求する会計処理の原則としてとらえられる。

Ⅲ 貸借対照表の基本原則

ここでは，貸借対照表の基本原則について，資産負債アプローチに基づく現代会計における変化を織り込みながら以下で検討していこう。

1 誘導法と貸借対照表完全性（網羅性）の原則

貸借対照表完全性の原則は，企業の財政状態表示目的のもとに，企業のすべての資産・負債・純資産（資本）をもれなく記載することを求め，網羅性の原則ともよばれる。

資産，負債，純資産の中のいかなる項目を欠いても企業資金の調達源泉とその運用形態とは明瞭に示されない。それゆえ，完全性の原則は企業の財政状態の表示のために不可欠の原則である。それはまた，正規の簿記の原則における取引記録の網羅性とも密接にかかわるものと考えられる。

ただし，重要性の乏しい項目については簡便な会計処理が認められる。このような重要性の原則に基づく簡便な会計処理は正規の簿記の原則に反しないものと認められている。その意味において貸借対照表完全性は，絶対的な完全性ではなく，相対的完全性としてとらえられる。

2 貸借対照表における認識・測定・分類

このような完全性の原則のもとに，貸借対照表の認識・測定・分類に関する諸原則・諸基準が展開される。

会計上の認識は，一般的には会計記録を行うべき会計的事実かどうかを判断することを意味する。貸借対照表における認識としては，より具体的には，その会計的事実が貸借対照表計上能力があるかどうかという，貸借対照表（計上）能力の原則がこれにかかわる。

会計上の測定は，一般的には対象に数をあてはめることを意味する。貸借対照表における測定としては，より具体的には，貸借対照表計上価額をいかに決定するかという，貸借対照表評価の原則がこれにかかわる。分類に関しては，一般的にはクラス分けすることを意味するが，より具体的には，貸借対照表の区分・配列・表示の原則がこれにかかわる。

3 貸借対照表分類と区分・配列・表示の原則

(1) 貸借対照表の区分

貸借対照表においては，借方側資産の部と，貸方側負債の部および純資産の部とに大きく区分される。そして，借方側資産の部はさらに流動資産，固定資産および繰延資産に区分される。貸方側負債の部はさらに流動負債と固定負債とに区分される。資産および負債に関しては，流動・固定の区分が重視される。

(2) 流動・固定を区分する基準

　流動資産と固定資産，流動負債と固定負債を区分する基準については，営業循環基準と1年基準とがあげられる。そこではまず，営業循環基準を適用することにより，製造販売に長期間を要するような製品等を棚卸資産に計上することが可能となる。そして，営業循環基準によって流動資産・流動負債に含まれなかった資産・負債については，さらに1年基準の適用を受ける。1年以内に現金化する，つまり1年以内に入金または支払期限の到来するものは流動資産・流動負債とされ，1年を超えて現金化するものは固定資産・固定負債としてとらえられることとなる。

(3) 流動性配列法

　資産および負債の項目の配列は，原則として資産および負債の項目を流動性の高い順，すなわち現金化が容易な順に配列する流動性配列法による。これにより，短期的に返済を要する資金（流動負債）と短期的に支払手段化（流動化）しうる資産（流動資産）との比較対応が容易となり，企業の財政状態とくに支払能力の判断に役立つとみられる。

(4) 総額主義の原則

　この原則は，企業の利害関係者が企業の財務内容に関する判断を誤らせることのないよう，貸借対照表における資産・負債・純資産はこれを総額によって記載し，資産の項目と負債または純資産の項目とを相殺することを禁止するものである。総額表示・相殺禁止の具体的な例としては，次のようなものがあげられるであろう。

> ① 貸倒引当金・減価償却累計額の控除形式による表示
> ② 受取手形と支払手形，売掛金と買掛金の相殺禁止

　ところで，金融関連的な取引に関しては，最終的な取引結果のみ純額で表示することがある。また，税効果会計における繰延税金資産と繰延税金負債とは，（異なる納税主体のものを除き）その差額のみを固定資産または固定負債に表示することが求められる。

4　貸借対照表能力の原則

　ある項目が貸借対照表に計上される適性ないし資格を有するとき貸借対照表（計上）能力が認められる。財産貸借対照表では財産価値つまり売却価値ないし換金価値をもつものが貸借対照表能力を認められた。これに対し，決算貸借対照表においては，繰延資産や前払費用は，通常，売却価値を有しないにもかかわらず，将来の経済的便益を有するものについて貸借対照表能力が認められる。繰延資産は，売却価値ないし換金価値をもたないが，その効果が将来にわたって発現するものと期待されるものであり，同様に将来の経済的便益をもつものとしてとらえられる。

　これに相応して，負債および純資産もまた，このような将来の経済的便益をもつ資産に対する将来の負担（犠牲）ないし価値拘束を示すものということができる。それとともに，負債には，将来返済すべきことが確定している債務だけでなく，将来の資産の減少が確実に予想されるような費用の見積計上に伴う引当金等も貸借対照表能力が認められる。

5　貸借対照表評価の原則

(1)　取得原価主義（取得原価基準）

　伝統的会計では，資産の評価・測定にあたり取得原価主義を原則としてきた。このような取得原価主義は，おもに将来費用となる資産（費用性資産）に適用される。そこでは，費用と同様，支出額または支出予定額を基礎として測定され，これがその資産の取得原価として計上される。

　営業収益の認識にあたっては実現主義が原則として採用される。それとともに，将来収益となる商品，製品，半製品，仕掛品等の資産（収益性資産）については，それが販売によって実現するまでは，原則として，売価ではなく取得原価によって測定される。

　現代会計においても，基本的には，取得原価基準が多くの領域で適用される。なお，棚卸資産に関しては，時価が取得原価よりも下落した場合には時価を採用する低価法が適用される。固定資産に関しても，時価の下落により回収可能でない価値下落が生じた場合には，その回収可能な額まで減額され，その減額

分は減損として処理される。このような減損処理は，ある意味において，資産の回収可能な有効原価を算定表示するものということができるであろう。

(2) 時価基準の展開

現代会計では，特定の資産，たとえば売買目的有価証券やその他有価証券に関しては時価とくに公正な市場価格に基づいて評価することが求められる。現代会計における「時価」は，公正な評価額を意味し，市場価格に基づく価額が中心となる。市場価格が観察可能でない場合には合理的に算定された価額を公正な評価額とする。このような公正な評価額はまた，公正価値とも称される。金融商品に関しては時価（公正価値）評価が重視される傾向にある。

このような時価評価にあたっては，まず「正味売却価額」が考慮される。この正味売却価額とは売価から見積追加費用（事後費用・アフターコスト）を控除した額であり，従来，正味実現可能価額とよばれていた。購買市場と売却市場とが区別される場合には，売価は売却市場の時価を意味する。購買市場の時価に購入付随費用を加算したものは再調達原価とよばれる。

さらには，長期間使用する固定資産等の使用価値や将来返済を要する負債の現在価値の計算にあたっては，将来キャッシュ・フロー（将来現金収支）の割引による現在価値が考慮されることがある。将来キャッシュ・フローの割引による現在価値は，次のように示される。

$$PV = \frac{R_1}{(1+i)} + \frac{R_2}{(1+i)^2} + \cdots + \frac{R_n}{(1+i)^n}$$

PV ：将来キャッシュ・フローの割引現在価値
Rt ：第t期のキャッシュ・フロー（t = 1,2,…,n）
i ：割引利子率

このような将来キャッシュ・フローの割引による現在価値も（広い意味における）時価に含まれる。現在価値基準は，管理会計とくに投資決定，長期プロジェクト計画等において積極的に適用されてきた。近年とくにリース資産・負債，年金負債（退職給付債務等），金融商品の評価，固定資産の減損さらには資

産除去債務等の処理にあたり，その適用が見いだされる。

現代会計では，取得原価だけでなく時価・割引現在価値を含む混合測定がなされるようになった。これからさらに，公正価値測定も部分的に適用されるようになり，広い意味で混合測定が適用されるようになった。

6 費用配分の原則

資産の取得原価ないし貸借対照表価額は，一定の費用配分の方法によって，当該期間の費用と次期以降の費用たる資産の繰越原価とに配分される。その場合，有形・無形の固定資産の貸借対照表価額は，一定の減価償却の方法によって当期の減価償却費と次期以降の費用（繰越原価）とに配分される。また，繰延資産も減価償却の方法に準じて償却額と資産原価とが配分される。商品・製品などの棚卸資産は，取得価額（仕入価額）が変動しているときは，個別法，先入先出法，平均原価法等の費用配分の方法によって算定した取得原価あるいは低価法によって修正された回収可能な有効原価をもって貸借対照表価額とする。それとともに，このような計算を通じて，材料費，製造費用，売上原価などが算定される。費用配分の原則は，貸借対照表と損益計算書との双方にかかわる基本原則でもある。

第9章 財務諸表の作成

I 会社法会計と個別財務諸表

1 制度会計と個別財務諸表

　企業はこれを取り巻く利害関係者に対し，企業の活動に関する情報を開示する責任を有する。企業は株主や投資家から資金を委託されていることから，その受託責任（stewardship）の遂行状況を報告する義務を負う。

　企業の受託責任に基づく法的・制度的な情報開示としては，会社法会計における計算書類を中心とする開示（会社法開示）と，金融商品取引法会計における連結財務諸表を中心とする開示（金商法開示）とが区別される。

　会社法開示では株主総会における株主への計算書類等（を含む事業報告書）の直接開示が中心となる。これに対し，金商法開示は，おもに上場企業による有価証券の発行市場および流通市場における投資家への情報開示が中心となる。これらの開示は，おもに株主・投資家等に対する受託責任を果たすために行われるものということもできる。

　ここでは個別財務諸表の作成と開示をめぐって会社法会計における個別計算書類（個別財務諸表）の開示と作成を中心にみておこう。

2 会社法会計と開示

　会社法会計における開示としては，具体的には次のものがあげられる。

> ① **直接開示**……計算書類および事業報告の株主への提供と株主総会への提出
> ② **間接開示**……計算書類・事業報告・附属明細書，臨時計算書類の会社備置きおよび閲覧等
> ③ **公告**……貸借対照表・損益計算書の要旨（中小会社は貸借対照表の要旨のみ）の官報・日刊商業紙等への公表，なお，インターネットによる電子公告も認められる。また，有価証券報告書提出会社は，有価証券報告書をEDINET（Electronic Disclosure for Investors' NETwork，「金融商品取引法に基づく有価証券報告書等の開示書類に関する電子開示システム」）で公表しており，電子公告を行う必要はない。
> ④ **臨時開示**（適時開示）……株式会社は，臨時の決算日における臨時計算書類（①臨時決算日における貸借対照表，②臨時決算期間に係る損益計算書）を作成することができる。

3　会社法会計と計算書類

会社法会計における財務諸表は計算書類と称される。そこにおいて個別企業の計算書類（個別計算書類）および連結企業集団の計算書類（連結計算書類）として，図表9-1のものがあげられる。

図表9-1　会社会計における計算書類

個別計算書類	連結計算書類
① 貸借対照表	① 連結貸借対照表
② 損益計算書	② 連結損益計算書
③ 株主資本等変動計算書	③ 連結株主資本等変動計算書
④ 個別注記表	④ 連結注記表

連結財務諸表（連結計算書類）は，有価証券報告書提出会社（金商法会計適用会社）については作成が義務づけられるが，これ以外の株式会社ではその作成は任意である。

Ⅱ 財務諸表の内容

個別企業の財務諸表に関して，会社法会計では，上述のように次のような計算書類の作成が求められる。

①貸借対照表，②損益計算書，③株主資本等変動計算書，④個別注記表

他方，金商法会計では，有価証券報告書において次のような財務諸表を作成することが求められる。

①貸借対照表，②損益計算書，③株主資本等変動計算書，④キャッシュ・フロー計算書，⑤個別注記表

ただし，キャッシュ・フロー計算書は，連結財務諸表を作成しない有価証券報告書提出会社についてのみ作成することが求められる。連結財務諸表を作成する企業は連結キャッシュ・フロー計算書のみを作成公表すればよく，個別キャッシュ・フロー計算書は免除される。

1 貸借対照表

貸借対照表は，企業の財政状態を表示するために，次の各部に区分される。

1　資産（流動資産・固定資産・繰延資産）
2　負債（流動負債・固定負債）
3　純資産（株主資本・評価換算差額等・株式引受権・新株予約権）

貸借対照表の様式には報告式と勘定式とがある。報告式の場合，資産・負債・純資産の順に縦に一覧表示される。これに対し，勘定式の場合，左側（借方）に資産，右側（貸方）に負債および純資産が対照表形式で表示される。ここでは勘定式の貸借対照表を例示しておこう（**図表9-2**）。

貸倒引当金・減価償却累計額に関しては，①科目別控除方式，②一括控除方式，③注記方式（科目別注記または一括注記）のいずれかが継続的に採用される。この例では，貸倒引当金は，それぞれ流動資産・固定資産において一括控除す

図表 9-2　貸借対照表の例示

貸　借　対　照　表

(x2 年 3 月 31 日現在)　　　　　　（単位：百万円）

（資産の部）	金　額	（負債・純資産の部）	金　額
Ⅰ　流　動　資　産	2,780	Ⅰ　流　動　負　債	2,739
現　金　預　金	259	支　払　手　形	3
受　取　手　形	10	買　　掛　　金	862
売　　掛　　金	847	未　払　費　用	655
有　価　証　券	119	未 払 法 人 税 等	7
棚　卸　資　産	294	諸　預　り　金	1,131
そ　の　他	1,253	諸　引　当　金	81
貸　倒　引　当　金	△2	Ⅱ　固　定　負　債	488
Ⅱ　固　定　資　産	4,432	社　　　　　　債	150
1. 有形固定資産	506	退職給付引当金	47
建物・構築物	199	長期預り金等	291
機械・装置	158	負　債　合　計	3,227
土　　　　　地	137	Ⅰ　株　主　資　本	3,276
建　設　仮　勘　定	12	資　　本　　金	3,600
2. 無形固定資産	74	資　本　剰　余　金	303
特　　許　　権	52	資　本　準　備　金	253
そ　の　他	22	その他資本剰余金	50
3. 投資その他の資産	3,852	利　益　剰　余　金	356
投　資　有　価　証　券	993	利　益　準　備　金	175
関　係　会　社　株　式	2,614	その他利益剰余金	181
長　期　貸　付　金	102	自　己　株　式	△983
繰　延　税　金　資　産	149	Ⅱ　評価・換算差額等	172
貸　倒　引　当　金	△6	その他有価証券評価差額金	155
Ⅲ　繰　延　資　産	11	Ⅲ　株　式　引　受　権	17
開　　発　　費	11	Ⅳ　新　株　予　約　権	548
		純　資　産　合　計	3,996
資　産　合　計	7,223	負債・純資産合計	7,223

る方式で記載されている。また，建物・構築物や機械・装置のような償却性資産に関しては減価償却累計額控除後の金額で記載され，減価償却累計額は注記に記載される。

2 損益計算書

損益計算書では，次のような計算区分によって，経営成績が算定表示される。

> 1 営業損益計算——売上総利益（損失）・営業利益（損失）の計算
> 2 経常損益計算——経常利益（損失）の計算
> 3 純損益計算——税引前当期純利益（損失）および当期純利益（損失）の計算

損益計算書の様式には勘定式と報告式があるが，通常は報告式が用いられる。図表9-3は，会社法による損益計算書の例である。

3 株主資本等変動計算書

株主資本等変動計算書は，貸借対照表の純資産の部の各項目についての変動とその変動事由を表示するものである。したがって，その各項目の前期末・当期末残高は，前期および当期の貸借対照表の純資産の部における各項目の期末残高と整合したものでなければならない（株主資本等変動計算書会計基準4，5）。

この株主資本等変動計算書の形式に関しては，①純資産の各項目を横に並べる様式（同適用指針3（1）①）と，②純資産の各項目を縦に並べる様式（適用指針3（2）①）とがある。

図表9-3 会社法による損益計算書の例示

損 益 計 算 書

(x1年4月1日～x2年3月31日)　　(単位：百万円)

Ⅰ 売上高	7,120
Ⅱ 売上原価	5,680
売 上 総 利 益	1,440
Ⅲ 販売費及び一般管理費	(1,226)
販売費	736
一般管理費	490
営 業 利 益	214
Ⅳ 営業外収益	(139)
受取利息	11
受取配当金	78
その他	50
Ⅴ 営業外費用	(141)
支払利息	8
その他	133
経 常 利 益	212
Ⅵ 特別利益	(74)
投資有価証券売却益	3
関係会社株式売却益	43
固定資産売却益	28
Ⅶ 特別損失	(24)
固定資産売却損	13
その他	11
税 引 前 当 期 純 利 益	262
法人税, 住民税及び事業税	24
法人税等調整額	90
当 期 純 利 益	148

> **例題 9-1** 下記のデータについて仕訳し，株主資本等変動計算書を作成しなさい。
> ① ×0 年 4 月に新株の発行による増資 500 百万円を実施し，資本金 300 百万円，資本準備金 200 百万円をそれぞれ計上した。
> ② ×0 年 6 月の株主総会において繰越利益剰余金から配当 30 百万円と利益準備金への繰り入れ 3 百万円を決議し，配当を行った。
> ③ ×1 年 3 月期の当期純利益は 148 百万円である。
> ④ その他有価証券 667 百万円の時価は 721 百万円であった。
> ⑤ ×1 年 3 月期において自己株式 421 百万円取得した。

(1) 仕訳

① 新株の発行

(借)現　金　預　金　　　500　　(貸)資　本　　　金　　　300
　　　　　　　　　　　　　　　　　　資　本　準　備　金　　200

② 剰余金の配当（利益準備金積立て）

(借)繰越利益剰余金　　　33　　(貸)当　座　預　金　　　30
　　　　　　　　　　　　　　　　　　利　益　準　備　金　　3

③ 当期純利益の処理

(借)当　期　純　利　益　　148　　(貸)繰越利益剰余金　　　148

④ その他有価証券評価差額金の処理

(借)その他有価証券　　　54　　(貸)その他有価証券評価差額金　　54

⑤ 自己株式の取得

(借)自　己　株　式　　　421　　(貸)現　金　預　金　　　421

(2) 株主資本等変動計算書の作成

株主資本等変動計算書 （単位：百万円）

	株主資本								評価・換算差額等		純資産合計
	資本金	資本剰余金			利益剰余金				自己株式	その他有価証券評価差額金	
		資本準備金	その他資本剰余金	資本剰余金合計	利益準備金	その他利益剰余金		利益剰余金合計			
						任意積立金	繰越利益剰余金				
当期首残高	3,300	53	50	103	172	5	61	238	△562	667	3,746
当期変動額											
新株の発行	300	200		200							500
剰余金の配当					3		△33	△30			△30
当期純利益							148	148			148
その他有価証券評価差額金増減										54	54
自己株式取得									△421		△421
当期変動額合計	300	200	0	200	3	0	115	118	△421	54	251
当期末残高	3,600	253	50	303	175	5	176	356	△983	721	3,997

(3) 純資産の各項目を縦に並べる様式

株主資本等変動計算書　　　　（単位：百万円）

株主資本	
資本金	
当期首残高	3,300
当期変動額	
新株の発行	300
当期末残高	3,600
資本剰余金	
資本準備金	
当期首残高	53
当期変動額	
新株の発行	200
当期末残高	253
（以下省略）	--------

4　会計上の変更および誤謬の訂正

　会計上の変更とは会計方針の変更，表示方法の変更および会計上の見積りの変更をいう（会計上の変更等会計基準4）。会計方針（会計処理の原則および手続）の変更の場合，原則として，新たな会計方針を過去の期間のすべてに遡及適用する。ただし，会計基準等の改正にともなって経過的な取扱いが定められている場合は，それに従う（同基準6）。

　表示方法の変更の場合，原則として，表示する過去の財務諸表について，新たな表示方法に従い財務諸表の組替えを行う（同基準14）。会計上の見積りの変更の場合，それが変更期間のみに影響するときは当該変更期間に会計処理を行い，それが将来の期間にも影響するときは，将来にわたり会計処理を行う（同基準17）。

　過去の財務諸表における誤謬が発見された場合には，次の方法により修正再表示する（同基準21）。

> ① 表示期間より前の期間に関する修正再表示による累積的影響額は,表示する財務諸表のうち最も古い期間の期首資産・負債・純資産の額に反映する。
> ② 表示する過去の各期間の財務諸表には当該各期間の影響額を反映する。

5 注記表

注記表には,例えば次に掲げるような項目が記載される(計規第98条1項)。

> ①継続企業の前提に関する注記,②重要な会計方針に係る事項に関する注記,③会計方針の変更に関する注記,④表示方法の変更に関する注記,⑤会計上の見積りの変更に関する注記,⑥誤謬の訂正に関する注記,⑦貸借対照表等に関する注記,⑧損益計算書に関する注記,⑨株主資本等変動計算書に関する注記,⑩税効果会計に関する注記,⑪リースにより使用する固定資産に関する注記,⑫金融商品に関する注記,⑬賃貸等不動産に関する注記,⑭持分法損益等に関する注記,⑮関連当事者との取引に関する注記,⑯1株当たり情報に関する注記,⑰重要な後発事象に関する注記,⑱連結配当規制適用会社に関する注記,⑱の2収益認識に関する注記,⑲その他の注記

第10章　連結財務諸表の基礎

大企業の業績評価にあたっては，本社あるいは親会社の個別財務諸表だけでは不十分であり，グループ（企業集団）全体の連結財務諸表が不可欠である。とくに親会社が純粋持株会社（ホールディングス，ホールディングカンパニー）の場合，親会社の個別財務諸表だけでは，その企業のいわゆる「本業」とよばれる事業に関する業績・実態を把握することは困難な場合が多く，連結財務諸表・セグメント報告等の連結会計報告に関する情報がとくに必要である。

I　連結財務諸表の体系と連結の範囲

1　連結財務諸表の体系

企業集団に関する財務諸表は連結財務諸表と称される。連結財務諸表は，支配従属関係にある2以上の企業（会社，組合その他これらに準ずる事業体）からなるグループ（企業集団）を単一の組織体とみなして，親会社が当該企業集団の財政状態，経営成績およびキャッシュ・フローの状況等について総合的に報告するために作成される（連結会計基準5,9）。わが国の連結財務諸表としては，次のものがあげられる。

① 連結貸借対照表
② 連結損益及び包括利益計算書（または連結損益計算書・連結包括利益計算書）
③ 連結株主資本等変動計算書
④ 連結キャッシュ・フロー計算書

⑤　連結注記表

　さらに，国際的な事業活動を展開する上場企業を中心とする特定会社が，国際財務報告基準（International Financial Reporting Standards; IFRS）と総称される国際会計基準に準拠して連結財務諸表を作成する場合は，IFRSに固有の連結財務諸表を作成・公表することが認められる（連結財規第93条）。

　ここでは，おもにわが国の企業会計基準に基づいて，①連結貸借対照表，②連結損益及び包括利益計算書（または連結損益計算書・連結包括利益計算書），③連結株主資本等変動計算書についてみておこう。キャッシュ・フロー計算書は次章で検討する。

2　連結範囲——親会社・子会社の決定と支配力基準

　親会社は，原則として，すべての子会社を連結の範囲に含めなければならない。親会社とは，他の企業の財務および営業または事業の方針を決定する機関（株主総会その他これに準ずる機関，以下「意思決定機関」という）を支配している企業をいい，親会社が支配している他の企業を子会社という。親会社および子会社または子会社が，他の企業の意思決定機関を支配している場合の当該他の企業も子会社とみなされる（同基準6：詳細は同基準7）。

　連結範囲の決定にあたっては，株主総会の議決権の過半数を自己の計算で所有しているか，議決権所有が40％以上50％以下であっても，実質的に支配しているという事実（同基準7の要件参照）があれば子会社として扱われる。

　当該他の企業のうち，更生会社，破産会社その他これらに準ずる企業であって，かつ，有効な支配従属関係が存在しないと認められる企業は除かれる。

　また，子会社のうち次に該当するものは連結の範囲に含めない（同基準14）。

①　支配が一時的であると認められる企業
②　①以外の企業であって，連結することにより，利害関係者の判断を著しく誤らせるおそれのある企業

Ⅱ 連結貸借対照表

1 連結貸借対照表の作成

　連結貸借対照表は，親会社および子会社の個別貸借対照表における資産，負債および純資産の金額を基礎とし，子会社の資産・負債の評価，親会社および連結される子会社（以下，連結会社という）相互間の投資と資本の相殺消去，債権と債務の相殺消去等の処理を行って作成する（同基準18）。

　子会社の資産・負債は，全面時価評価法により，支配獲得日の時価により評価する。子会社の資産および負債の時価による評価額と，当該資産および負債の個別貸借対照表上の金額との差額（評価差額）は，子会社の資本とする（同基準20〜21）。

　親会社の（子会社に対する）投資とこれに対応する子会社の資本とは，相殺消去する。親会社の子会社に対する投資の金額は，支配獲得日の時価による。子会社の資本は，子会社の個別貸借対照表上の純資産の部における株主資本および評価・換算差額等と評価差額からなる（同基準23）。

　親会社の子会社に対する投資とこれに対応する子会社の資本との相殺消去にあたり，借方に差額が生じた場合，この差額はのれんとして処理する。また，貸方に消去差額が生じた場合は，負ののれんが生じるが，これに関しては継承した資産・負債にさかのぼって，必要な修正を加えて，さらに残存するものは発生年度の利益として処理する（同基準24，企業結合会計基準33）。

　子会社相互間の投資とこれに対応する子会社の資本とは，親会社の子会社に対する投資とこれに対応する子会社の資本との相殺消去に準じて処理する（連結会計基準25）。

2 非支配株主持分

　子会社の資本のうち，親会社に帰属しない部分は，非支配株主持分となる。連結にあたって，支配獲得日の子会社の資本は，親会社に帰属する部分と非支配株主に帰属する部分とに分け，前者は親会社の投資と相殺消去し，後者は非

支配株主持分として処理する。非支配株主持分も親会社持分とともに，純資産の部に記載される。

このような連結会計の基礎概念ないし会計主体観は経済的単一体概念とよばれる。経済的単一体概念は，親会社株主も非支配株主もグループの株主には違いがなく両者を同等に扱おうとする観点に立つものである。ドイツでは伝統的にこのような考えに立ってきた。

このような経済的単一体概念に対して，非支配株主を親会社株主と異なる存在でありむしろ債権者とみなす考えは親会社概念と称される。親会社概念は，会計主体論からすれば所有主理論（資本主理論）として位置づけられる。

3　関連会社と持分法

(1)　関連会社

関連会社とは，親会社および子会社が，出資，人事，資金，技術，取引等の関係を通じて，子会社以外の他の企業の財務および営業（または事業）の方針決定に対して重要な影響を与えることができる企業をいう（影響力基準）。

関連会社は，次のような場合に影響力を与えることのできる企業である。

> ①　当該他の企業の議決権の20％以上を実質的に所有している場合
> ②　当該他の企業の議決権の所有割合が20％未満であっても，一定の議決権（15％以上）を有しており，かつ，当該会社の財務および営業（または事業）の方針決定に対して重要な影響を与えることができる一定の事実が認められる場合（詳細は持分法会計基準5-2 (2) 参照）

なお，更生会社，破産会社その他これに準ずる企業であって，かつ，当該会社の財務および営業（事業）の方針決定に対して重要な影響を与えることができないと認められる企業は，関連会社に含めない（連結会計適用指針27）。

(2)　持分法

このような関連会社および非連結子会社に関しては原則として持分法が適用される（連結財規第10条）。ここに持分法とは，投資会社が被投資会社の純資産および損益のうち投資会社に帰属する部分の変動に応じて，その投資の額を

連結決算日毎に修正する方法である。その適用に際しては，被投資会社の財務諸表について，資産および負債の評価，税効果会計の適用等，原則として連結子会社の場合と同様の処理を行う。ただし，重要性が乏しいものについては，これらの処理を行わないことができる。以下のような簡単な例についてみてみよう。

> **設例 10-1**
> ① P社は，A社株式の30％を4,000千円で取得した。
> ② A社は，当期純利益1,000千円を計上した。

① A社株式の取得

（借）投資（A社株式）　　4,000　　（貸）現　　　　金　　4,000

② A社当期純利益1,000千円の30％がP社の持分法による投資利益となる。

（借）投資（A社株式）　　　300　　（貸）持分法投資損益　　　300

4　表示方法

連結貸借対照表には，資産の部，負債の部および純資産の部を設ける（**図表10-1参照**）。

> (1) **資産の部**……流動資産，固定資産および繰延資産に区分し，固定資産は有形固定資産・無形固定資産・投資その他の資産に区分して記載する。
> (2) **負債の部**……流動負債および固定負債に区分して記載する。
> (3) **純資産の部**……株主資本（資本金・資本剰余金・利益剰余金・自己株式），その他の包括利益累計額，株式引受権，新株予約権，非支配株主持分に区分する。個別貸借対照表の純資産の部と比較して，「その他の包括利益累計額」における為替換算調整勘定および退職給付に係る調整累計額と，「非支配株主持分」とが加わる。

図表10-1 連結貸借対照表の区分表示

（資　産　の　部）	（負　債　の　部）
Ⅰ　流動資産	Ⅰ　流動負債
現金及び預金	支払手形
受取手形	買掛金
売掛金	前受金
棚卸資産	………
前渡金	流動負債合計
………	Ⅱ　固定負債
流動資産合計	社債
Ⅱ　固定資産	長期借入金
1　有形固定資産	退職給付に係る負債
建物及び付属設備	繰延税金負債
機械・装置	固定負債合計
土地	負債合計
………	（純資産の部）
2　無形固定資産	Ⅰ　株主資本
のれん	1　資本金
特許権	2　資本剰余金
商標権	3　利益剰余金
………	4　自己株式
3　投資その他の資産	株主資本合計
関係会社株式	Ⅱ　その他の包括利益累計額
長期貸付金	1　その他有価証券評価差額金
繰延税金資産	2　繰越ヘッジ損益
………	3　為替換算調整勘定
固定資産合計	4　退職給付に係る調整累計額
Ⅲ　繰延資産	その他の包括利益累計額
………	Ⅲ　株式引受権
繰延資産合計	Ⅳ　新株予約権
資産合計	Ⅴ　非支配株主持分
	純資産合計
	負債・純資産合計

流動資産・有形固定資産・無形固定資産・投資その他の資産・流動負債・固定負債は，一定の基準に従い，その性質を示す適当な名称を附した科目に明瞭に分類して記載する。とくに非連結会社および関連会社に対する投資は，他の項目と区別して記載し，または注記に明瞭に表示する。

Ⅲ　連結損益及び包括利益計算書

1　連結損益及び包括利益計算書

従来の連結損益計算書に加えて，国際会計基準の影響のもとに連結包括利益計算書の作成が求められるようになった。その場合に，連結損益計算書と連結包括利益計算書とをそれぞれ別個に作成する2計算書方式と，連結損益及び包括利益計算書として両者を結合する1計算書方式とがある。いずれにしても，これらの計算書は，親会社および子会社の個別損益計算書等における収益，費用等の金額を基礎とし，連結会社相互間の取引高の相殺消去および未実現損益の消去等の処理を行って作成する（包括利益会計基準，連結財規第3章の2等参照）。

2　連結会社相互間の取引高の相殺消去

連結会社相互間における商品の売買その他の取引に係る項目は，相殺消去する。また，会社相互間取引が連結会社以外の会社を通じて行われている場合であっても，その取引が実質的に連結会社間の直接の取引であることが明確であるときは，この取引を連結会社間の取引とみなして処理する（連結会計基準35, 注12）。

3　未実現損益の消去

連結会社相互間の取引によって取得した棚卸資産，固定資産その他の資産に含まれる未実現損益は，その全額を消去する。ただし，未実現損失については，売手側の帳簿価額のうち回収不能と認められる部分は，消去しない。なお，未実現損益の金額に重要性が乏しい場合には，これを消去しないことができる。

売手側の子会社に非支配株主が存在する場合には，未実現損益は，親会社と

非支配株主の持分比率に応じて,親会社の持分と非支配株主持分とに配分する(同基準36〜38)。

4　表示方法

1計算書方式(連結損益及び包括利益計算書)によるにせよ2計算書方式(連結損益計算書および連結包括利益計算書)によるにせよ,当期純利益までの計算(連結損益計算書)については営業損益計算・経常損益計算・純損益計算の区分は次のように表示する(同基準39)。

> (1) **営業損益計算の区分**……売上高および売上原価を記載して売上総利益を表示し,さらに販売費及び一般管理費を記載して営業利益(営業損失)を表示する。
> (2) **経常損益計算の区分**……営業利益(営業損失)に営業外収益および営業外費用を記載して経常利益(経常損失)を表示する。
> (3) **純損益計算の区分**……次のように表示する。
> 　① 経常利益(経常損失)に特別利益および特別損失を記載して税金等調整前当期純利益を表示する。
> 　② 税金等調整前当期純利益に法人税額等を加減して,非支配株主損益調整前当期純利益を表示する。
> 　③ 非支配株主損益調整前当期純利益に非支配株主損益を加減して,当期純利益を表示する。

これより,連結財務諸表における包括利益は,2計算書方式と1計算書方式についてみれば,図表10-2のように示される(包括利益会計基準参考2.参照)。

図表10−2 包括利益の表示例

(単位:千円)

2計算書方式		1計算書方式	
<連結損益計算書>		<連結損益及び包括利益計算書>	
売上高	15,000	売上高	15,000
----------	×?×	----------	×?×
税金等調整前当期純利益	2,000	税金等調整前当期純利益	2,000
法人税等	800	法人税等	800
当期純利益	1,200	当期純利益	1,200
非支配株主に帰属する当期純利益	200	(内訳)	
親会社株主に帰属する当期純利益	1,000	親会社株主に帰属する当期純利益	1,000
<連結包括利益計算書>		非支配株主に帰属する当期純利益	200
当期純利益	1,200		
その他の包括利益:		その他の包括利益:	
その他有価証券評価差額金	400	その他有価証券評価差額金	400
繰延ヘッジ損益	250	繰延ヘッジ損益	250
為替換算調整勘定	△150	為替換算調整勘定	△150
その他の包括利益合計	500	その他の包括利益合計	500
包括利益	1,700	包括利益	1,700
(内訳)		(内訳)	
親会社株主に係る包括利益	1,420	親会社株主に係る包括利益	1,420
非支配株主に係る包括利益	280	非支配株主に係る包括利益	280

Ⅳ　連結株主資本等変動計算書

　連結株主資本等変動計算書は,純資産の項目(イ.株主資本,ロ.その他の包括利益累計額,ハ.新株予約権,ニ.非支配株主持分)に区分して表示する。これより,たとえば**図表10-3**のような連結株主資本等変動計算書が示される。

図表10-3 連結株主資本等変動計算書

(1) 純資産の各項目を横に並べる様式（株主資本等変動計算書適用指針3（1）②参照）

	株主資本					その他の包括利益累計額				新株予約権	非支配株主持分	純資産合計
	資本金	資本剰余金	利益剰余金	自己株式	株主資本合計	その他有価証券評価差額金	繰延ヘッジ損益	為替換算調整勘定	その他の包括利益累計額合計			
当期首残高	xx	xx	xx	*x	xx	xx	xx	xx	xx	xx	xx	xx
当期変動額												
新株の発行	xx	xx			xx							xx
剰余金の配当			*x		*x							*x
親会社株主に帰属する当期純利益			xx		xx							xx
自己株式の処分				xx	xx							xx
×××××												
株主資本以外の項目の当期変動額（純額）						xx	xx	xx	xx	xx	xx	xx
当期変動額合計	xx	xx	xx	xx	xx	xx	xx	xx	xx	xx	xx	xx
当期末残高	xx	xx	xx	*x	xx	xx	xx	xx	xx	xx	xx	xx

(*x=△xx: マイナス金額)

(2) 純資産の各項目を縦に並べる様式 （同適用指針3(2)②参照）

株主資本			繰延ヘッジ損益		
資本金			当期首残高		×××
当期首残高		×××	当期変動額（純額）		×××
当期変動額　新株の発行	×××		当期末残高		×××
当期末残高		×××	為替換算調整勘定		
資本剰余金			当期首残高		×××
当期首残高		×××	当期変動額（純額）		×××
当期変動額　新株の発行	×××		当期末残高		×××
当期末残高		×××	退職給付に係る調整累計額		
利益剰余金			当期首残高		×××
当期首残高		×××	当期変動額（純額）		×××
当期変動額　剰余金の配当	×××		当期末残高		×××
当期末残高		×××	その他の包括利益累計額合計		
自己株式			当期首残高		×××
当期首残高		×××	当期変動額		×××
当期変動額　自己株式の処分	×××		当期末残高		×××
当期末残高		×××	新株予約権		
株主資本合計			・・・・・・・・・		×××
当期首残高		×××	非支配株主持分		
当期変動額		×××	当期首残高		×××
当期末残高		×××	当期変動額（純額）		×××
その他の包括利益累計額			当期末残高		×××
その他有価証券評価差額金			純資産合計		
当期首残高		×××	当期首残高		×××
当期変動額（純額）		×××	当期変動額（純額）		×××
当期末残高		×××	当期末残高		×××

V 簡単な連結財務諸表作成例

ここでは次のような設例を考えよう。

設例 10-2 次の資料に基づいて，X1年度（X1年4月1日～X2年3月31日）における連結財務諸表を作成する。

[資料]
1　P社はX1年3月31日にS社の発行済み株式総数（5,000株）の80％を510,000千円で取得して支配を獲得し，S社を連結子会社とした。また，のれんについては，支配獲得の翌年から20年間にわたり定額法で償却する。

2　X1年3月31日のS社の個別貸借対照表は次のとおりである。

S社個別貸借対照表
X1年3月31日　　　　（単位：千円）

諸資産	1,000,000	諸負債	450,000
		資本金	250,000
		資本剰余金	100,000
		利益剰余金	200,000
	1,000,000		1,000,000

3　当期よりS社は，P社に対して商品を販売しており，その売上高は250,000千円である。X2年3月31日現在，P社の商品にはS社から仕入れたものが12,000千円含まれている。S社が，P社に販売する商品の利益付加率は20％であった。

4　X2年3月31日現在，P社の買掛金のうちS社に対するものは28,000千円である。なお，S社はP社に対する売掛金について貸倒引当金を設定していない。

5　当期中においてP社は150,000千円，S社は50,000千円の配当を実施した。

6　X2年3月31日現在のP社およびS社の損益計算書，株主資本等変動計算書，貸借対照表のデータは次のとおりである。

損益計算書	P社	S社
売 上 高	3,400,000	1,200,000
売 上 原 価	2,800,000	965,000
販売費及び一般管理費	360,000	170,000
のれん償却		
受取配当金	40,000	5,000
支 払 利 息	25,000	15,000
当期純利益	255,000	55,000

貸借対照表	P社	S社
諸 資 産	1,290,000	855,000
売 掛 金	210,000	80,000
商 品	195,000	115,000
S 社 株 式	510,000	
資産合計	2,205,000	1,050,000
諸 負 債	1,000,000	325,000
買 掛 金	235,000	150,000
資 本 金	500,000	250,000
資本剰余金	150,000	100,000
利益剰余金	320,000	225,000
負債・純資産合計	2,205000	1,050,000

株主資本等変動計算書	P社	S社
利益剰余金当期首残高	215,000	220,000
配当金	150,000	50,000
親会社株主に帰属する当期純利益	255,000	55,000
利益剰余金当期末残高	320,000	225,000

まず，連結財務諸表作成に必要な仕訳についてみていく。

1　開始仕訳（連結子会社の処理・のれんの計上）

　　（借）資　本　金　　　　　250,000　　（貸）S 社 株 式　　　　510,000
　　　　　資 本 剰 余 金　　　100,000　　　　　非支配株主持分当期首残高　110,000
　　　　　利 益 剰 余 金　　　200,000
　　　　　の　れ　ん　　　　　 70,000
　　　　　　＊非株主持分当期首残高＝(250,000 ＋ 100,000 ＋ 200,000)× 20％
　　　　　　　　　　　　　　　＝ 110,000

2　のれんの償却

　　（借）の れ ん 償 却　　　　3,500　　（貸）の　れ　ん　　　　　　3,500
　　　　　　＊のれんの償却＝ 70,000 ÷ 20 ＝ 3,500

3　内部取引の相殺消去

　　（借）売　　　　　上　　　250,000　　（貸）売 上 原 価　　　　250,000

4　債権債務の相殺消去

　　（借）買　掛　金　　　　　 28,000　　（貸）売　掛　金　　　　　28,000

5　S 社当期純損益の振り替え（非支配株主に帰属する当期純利益の少数株主持
　　分当期変動額への振り替え）

　　（借）非支配株主に帰属する当期純利益　11,000　　（貸）非支配株主持分当期変動額　11,000
　　　　　　＊非支配株主に帰属する当期純利益＝ 55,000 × 20％ ＝ 11,000

6　S 社配当金の授受

　　（借）受 取 配 当 金　　　 40,000　　（貸）配　当　金　　　　　50,000
　　　　　非支配株主持分当期変動額　　10,000
　　　　　　＊非支配株主持分当期変動額＝ 50,000 × 20％ ＝ 10,000

7　商品に含まれる未実現利益の消去

　　（借）売 上 原 価　　　　　2,000　　（貸）商　　　品　　　　　　2,000
　　　　　非支配株主持分当期変動額　　400　　　非支配株主に帰属する当期純利益　　400
　　　　　　＊未実現利益＝ 12,000 千円 ÷ 1.2 × 0.2 ＝ 2,000 千円
　　　　　　＊非支配株主に帰属する当期純利益の減少＝ 2,000 千円 × 20％ ＝ 400 千円

連結財務諸表の作成は以下のように行う。
① 連結損益計算書の「親会社株主に帰属する当期純利益」を算出し，これを連結株主資本等変動計算書の「親会社株主に帰属する当期純利益」に移記する。
② 連結株主資本等変動計算書の利益剰余金当期首残高から配当金を減額し，「親会社株主に帰属する当期純利益」を加えて利益剰余金当期末残高を算出し，これを連結貸借対照表の利益剰余金に移記する。
③ 非支配株主持分当期末残高を連結貸借対照表の「非支配株主持分」に移記する。

連結損益計算書	金　額	
売　上　高	4,350,000	
売　上　原　価	3,517,000	
販売費及び一般管理費	530,000	
のれん償却（販売費及び一般管理費）	3,500	
受　取　配　当　金	5,000	
支　払　利　息	40,000	
当期純利益	264,500	
非支配株主に帰属する当期純利益	10,600	
親会社株主に帰属する当期純利益	253,900	①

連結株主資本等変動計算書	金　額	
利益剰余金当期首残高	235,000	
配当金	150,000	
親会社株主に帰属する当期純利益	253,900	①
利益剰余金当期末残高	338,900	②
非支配株主持分当期首残高	110,000	
非支配株主持分当期変動額	600	
非支配株主持分当期末残高	110,600	③

連結貸借対照表	金　額	
諸　資　産	2,145,000	
売　掛　金	262,000	
商　　　品	308,000	
の　れ　ん	66,500	
資産合計	2,781,500	
諸　負　債	1,325,000	
買　掛　金	357,000	
資　本　金	500,000	
資本剰余金	150,000	
利益剰余金	338,900	②
非支配株主持分	110,600	③
負債・純資産合計	2,781,500	

Ⅵ　純粋持株会社と連結財務諸表・セグメント報告

1　純粋持株会社

　伝統的会計では，親会社はその中心的な事業と行うとともに，子会社を支配するいわゆる事業持株会社でなければならなかった。1997年の独占禁止法改正によってわが国でも親会社が事業を行わず子会社支配を目的とする純粋持株会社が解禁された。

　以前は，事業持株会社である親会社の個別財務諸表によってその企業（集団）の業績がある程度判断できたが，現在では純粋持株会社の個別財務諸表の業績ではその企業集団の事業業績はほとんど判断できないようになった。純粋持株会社を親会社とする企業（集団）の本来の事業業績は，連結財務諸表でないと判断できないことが多い。その意味においても連結財務諸表の重要性は増大している。

2　セグメント情報

(1)　事業セグメント

　企業規模の拡大とともに企業集団が形成され，多角化・国際化（グローバル化）から，さらには純粋持株会社の普及とともに，事業別の部分業績の情報が一層重要性を増してきている。そのような事業別業績に関する情報が，セグメント情報である。セグメント情報等は，財務諸表利用者が，企業の過去の業績を理解し，将来のキャッシュ・フローの予測を適切に評価できるように，企業が行うさまざまな事業活動の内容とその経営環境に関して適切な情報を開示するものである（セグメント会計基準4）。

(2)　セグメント情報の開示内容

　企業が開示する報告セグメントの利益（または損失）の額の算定に次の項目が含まれている場合，企業は各報告セグメントのこれらの金額を開示しなければならない（同基準21）。

> (1)　外部顧客への売上高
> (2)　事業セグメント間の内部売上高または振替高
> (3)　減価償却費（のれんを除く無形固定資産に係る償却費を含む。）
> (4)　のれんの償却額および負ののれんの償却額
> (5)　受取利息および支払利息
> (6)　持分法投資利益（または損失）
> (7)　特別利益および特別損失（主な内訳をあわせて開示）
> (8)　税金費用（法人税等および法人税等調整額）
> (9)　(1)から(8)に含まれていない重要な非資金損益項目

(3)　測定方法に関する事項

　上記の開示内容は，事業セグメントに資源を配分する意思決定を行い，その業績を評価する目的で，最高経営意思決定機関に報告される金額に基づいて行なわなければならない。また，開示内容の項目の測定方法や損益計算書および貸借対照表の計上額との差異に関する内容等についての開示が求められる（同基

準24)。

たとえばわが国の企業会計基準適用指針第20号「セグメント情報の開示に関する会計基準の適用指針」(開示例1) 等に従えば，**図表10-4**のようなセグメント情報開示の項目が示されている。

図表10－4 セグメント情報の開示項目例（金額省略）

	A事業	B事業	C事業	その他	調整	連結
売　上　高						
外部顧客への売上高						
セグメント間売上高						
計						
セグメント利益						
セグメント資産						
その他の項目						
減価償却費						
固定資産増加額						

第11章 キャッシュ・フロー計算書

I　キャッシュ・フロー計算書の意義と内容

1　キャッシュ・フロー計算書の意義

　今日，キャッシュ・フロー計算書は貸借対照表・損益計算書とともに基本財務諸表として位置づけられ，第三の財務諸表ともいわれる。とりわけ，金商法会計や国際的な会計基準では（連結）キャッシュ・フロー計算書も（連結）財務諸表の体系の中に含まれる。3つの計算書は，財務諸表三本化とか会計三表あるいは財務三表などと称され，これらは同等・対等のものとして扱われるべきことが説かれる。現在の企業会計における，3つの基本財務諸表について，その作成表示目的を中心にみれば次のように示される。

> ①　貸借対照表――期末時点の財政状態（期末の財務の状況）
> ②　損益計算書――当期の経営成績（当期の損益の状況）
> ③　キャッシュ・フロー計算書――当期のキャッシュ・フローの状況

　これより明らかなように，貸借対照表のみが期末時点の状態を表示するのに対し，他の2つの計算書は期中取引ないし期間の状況に関する報告からなる。したがって，次のように捉えることも可能であろう（安平1994，110頁；郡司2006，118頁等参照）。

① 期末の有高＝貸借対照表：【有高計算】
② 期中取引
　(a)　損益取引＝損益計算書：【損益計算】
　(b)　現金収支(キャッシュ)取引＝キャッシュ・フロー計算書：【収支計算】

キャッシュ・フロー計算書を期中の収支取引から直接に作成すること（直接的作成法）を想定するならば，キャッシュ・フロー計算書（収支計算）・貸借対照表計算（有高計算）・損益計算書（損益計算）の関係は図表11-1のようにも示される。なお，ここでは，キャッシュ・フローに関して［借方＝収入：貸方＝支出］とする方式によっている（郡司2010, 8頁）。

図表11-1　3計算系統図（試算表形式）

収支計算	期首現金	支　　出
	収　　入	
		期末現金
有高計算	期末現金	負　　債
	資　　産	純資産
		利　　益
損益計算	利　　益	収　　益
	費　　用	

　図表11-1からは，貸借対照表（有高計算）は，未解消の収入・支出と未解消の費用・収益を収容するものであり，まさに収支計算と損益計算との連結環をなすということがうかがえるであろう。

2　キャッシュ・フロー計算書とキャッシュの概念

キャッシュ・フロー計算書におけるキャッシュとは，次のような現金および現金同等物（cash and cash equivalent）を意味する（連結キャッシュ・フロー会計基準第二，注2）。

> (1)　現金……手許現金および要求払預金（普通預金，当座預金，通知預金等）
> (2)　現金同等物……容易に換金可能であり，かつ価値の変動について僅少なリスクしか負わない短期投資である。これには，たとえば，満期日または償還日が3ヵ月以内の定期預金，譲渡性預金，コマーシャル・ペーパー，公社債投資信託等がある。また，当座借越は負の現金同等物として扱われる。

3　キャッシュ・フロー計算書の表示区分

キャッシュ・フロー計算書において一会計期間におけるキャッシュ・フローは，次の3つの区分に分けて表示される（同基準第二，二）。

(1)　営業活動によるキャッシュ・フロー

この区分では，次のものが記載される。

> ①　営業損益計算の対象となった取引に係るキャッシュ・フロー
> ②　営業活動に係る債権・債務から生ずるキャッシュ・フロー
> ③　投資活動および財務活動以外の取引によるキャッシュ・フロー

(2)　投資活動によるキャッシュ・フロー

この区分では，次のようなキャッシュ・フローが記載される。

> ①　有形固定資産および無形固定資産の取得および売却
> ②　資金の貸付および回収
> ③　現金同等物に含まれない有価証券および投資有価証券の取得および売却
>   等の取引に係るキャッシュ・フロー

(3) 財務活動によるキャッシュ・フロー

この区分では，次のようなキャッシュ・フローが記載される。

① 借入れおよび株式または社債の発行による資金の調達
② 借入金の返済および社債の償還等の取引に係るキャッシュ・フロー
③ 自己株式の売却・取得によるキャッシュ・フロー

4 キャッシュ・フロー計算書の表示方法

(1) 営業活動によるキャッシュ・フローの表示方法

「営業活動によるキャッシュ・フロー」の表示方法には，継続的適用を条件として，次の直接法と間接法との選択適用が認められる（同基準第三）。

(a) 直接法──主要な取引ごとに収入総額と支出総額を表示する方法
(b) 間接法──純利益に必要な調整項目を加減して表示する方法

間接法は，より具体的には税引前（税金等調整前－連結－）当期純利益に非資金損益項目，営業活動に係る資産および負債の増減等を加減して表示する方法である。そこで，この場合，税引前（税金等調整前）当期純利益から開始する形式によっているので，法人税等の支払額は独立の項目として明示する。

(2) 投資活動・財務活動によるキャッシュ・フローの表示方法

「投資活動によるキャッシュ・フロー」および「財務活動によるキャッシュ・フロー」の区分に関しては，主要な取引ごとにキャッシュ・フローを総額表示する方法すなわち直接法が採用される。

(3) （連結）キャッシュ・フロー計算書の内容

（連結）キャッシュ・フロー計算書に関しては，たとえば次のような内容があげられる（同基準様式1，様式2参照）。

> I　営業活動によるキャッシュ・フロー
> 　［直接法］
> 　　① 営業収入，原材料・商品の仕入支出，人件費支出，その他の営業支出
> 　　② 利息および配当金の受取額，利息の支払額，損害賠償金支払額，法人税等の支払額
> 　　＝営業活動によるキャッシュ・フロー
> 　［間接法］
> 　　① 税引前（税金等調整前*）当期純利益，減価償却費，のれん償却額，貸倒引当金増加額，受取利息および受取配当金，支払利息，為替差損，持分法投資利益*，有形固定資産売却益，損害賠償損失，売上債権増加額，棚卸資産減少額，仕入債務減少額
> 　　② 直接法に同じ
> 　　＝営業活動によるキャッシュ・フロー
> II　投資活動によるキャッシュ・フロー
> 　　有価証券取得支出・売却収入，有形固定資産取得支出・売却収入，投資有価証券取得支出・売却収入，連結範囲の変更を伴う子会社株式の取得支出*・売却収入，貸付支出，貸付金回収収入
> III　財務活動によるキャッシュ・フロー
> 　　短期・長期借入収入，短期・長期借入金返済支出，社債発行収入，社債償還支出，株式発行収入，自己株式取得支出，配当金支払額，非支配株主配当金支払額*
> IV　現金および現金同等物に係る換算差額
> V　現金および現金同等物の増加額（または減少額）
> VI　現金および現金同等物期首残高
> VII　現金および現金同等物期末残高

（*連結キャッシュ・フロー計算書関係項目）

　利息および受取配当金に係るキャッシュ・フローは，次のいずれかの方法により記載する。

> ① 受取利息，受取配当金および支払利息は「営業活動によるキャッシュ・フロー」の区分に記載し，支払配当金は「財務活動によるキャッシュ・フロー」の区分に記載する方法
> ② 受取利息および受取配当金は「投資活動によるキャッシュ・フロー」の区分に記載し，支払利息および支払配当金は「財務活動によるキャッシュ・フロー」の区分に記載する方法

(4) 間接法における調整項目

間接法の場合，税引前（税金等調整前）当期純利益から出発して，例えば次のような項目について調整する（同基準・実務指針参照）。

> ① **非資金項目**
>   （＋）非現金費用項目……減価償却費，のれん償却額，貸付金にかかる貸倒引当金増加額
>   （－）非現金収益項目……持分法による投資利益
> ② **営業活動に係る資産・負債の増減**
>   （＋）営業関係負債増加・資産減少……棚卸資産減少額
>   （－）営業関係資産増加・負債減少……売上債権増加額，仕入債務減少額
> ③ **「投資活動・財務活動によるキャッシュ・フロー」の区分に含まれるキャッシュ・フローに関連して発生した損益項目（非営業損益項目）**
>   （＋）発生費用・損失項目……支払利息・損害賠償損失
>   （－）発生収益・利益項目……受取利息・受取配当金・固定資産売却益

なお，（＋）はプラス調整（増加要因），（－）はマイナス調整（減少要因）を意味する。あとは直接法と同様，利息および配当金の受取額，利息の支払額，損害賠償金支払額，法人税等の支払額を加減して営業活動によるキャッシュ・フローが求められる。

II キャッシュ・フロー計算書の作成・表示

1 基礎データ

(1) 基礎データ

ここでは，キャッシュ・フロー計算書の作成について例を用いて説明しよう。

> **設例11-1** 次の資料に基づいて，(1) 直接法によるキャッシュ・フロー計算書を作成し，(2) 間接法による「営業活動によるキャッシュ・フロー」の計算を示しなさい。なお，受取利息・受取配当金および支払利息は，「営業活動によるキャッシュ・フロー」に記載するものとする。
>
> ＜資料＞
>
> 期末貸借対照表　　　　　　　　　（単位：千円）
>
> | 借　　方 | 期　首 | 期　末 | 貸　　方 | 期　首 | 期　末 |
> |---|---|---|---|---|---|
> | 現　　　　金 | 4,000 | 4,350 | 買　掛　金 | 4,000 | 4,250 |
> | 売　掛　金 | 5,000 | 5,900 | 借　入　金 | 3,000 | 3,320 |
> | 有　価　証　券 | 2,360 | 2,650 | 未　払　利　息 | 0 | 180 |
> | 商　　　　品 | 3,500 | 3,900 | 未払法人税等 | 0 | 150 |
> | 設　　　　備 | 2,000 | 2,000 | 資　本　金 | 9,000 | 9,000 |
> | 減価償却累計額 | -360 | -520 | 利　益　剰　余　金 | 500 | 1,380 |
> | | 16,500 | 18,280 | | 16,500 | 18,280 |
>
> | 損益計算書 | （単位：千円） |
> |---|---|
> | 売上高 | 7,000 |
> | 売上原価 | 4,500 |
> | 売上総利益 | 2,500 |
> | 販売費・一般管理費 | 800 |
> | 営業利益 | 1,700 |
> | 受取配当金 | 80 |
> | 支払利息 | 300 |
> | 税引前当期純利益 | 1,480 |
> | 法人税等 | 600 |
> | 当期純利益 | 880 |

2 直接法の場合の処理

① 営業収入

この例では，売上高7,000（単位：千円－以下省略）から売掛金増加高900を差し引いて売上収入6,100が営業収入として算定される。

　　　営業収入6,100 ＝ 総売上高7,000 － 売掛金増加高900

仕訳にあたっては，さしあたり売上高はすべて掛売上とみなして処理する。

　　　（借）売　　掛　　金　7,000　　（貸）売　　　　上　7,000
　　　（借）現　　　　　金　6,100　　（貸）売　　掛　　金　6,100

② 仕入支出

この例では総仕入高から買掛金増加高を差し引いて，仕入支出が算定される。総仕入高は，売上原価と棚卸増加高との合計であるから，次のように計算される。

　　　仕入支出4,650 ＝（売上原価4,500 ＋ 棚卸増加高400）－ 買掛金増加高250

仕訳にあたっては，さしあたり仕入はすべて掛仕入とみなして処理する。

　　　（借）仕　　　　　入　4,900　　（貸）買　　掛　　金　4,900
　　　（借）買　　掛　　金　4,650　　（貸）現　　　　金　4,650

③ その他の営業支出

営業費（販売費及び一般管理費）には営業施設関係の減価償却費（当期減価償却累計額）が含まれるので，この非現金費用を差し引いてその他の営業支出を算定する。

　　　その他の営業支出640 ＝営業費(販売費及び一般管理費)800 － 減価償却費160

これを仕訳で示せば，以下のようになる。

　　　（借）営　　業　　費　640　　（貸）現　　　　金　640

④ 配当金受取額・利息支払額

　配当金受取額80と利息支払額120とは「営業活動によるキャッシュ・フロー」区分に記載する方法を採用し，それぞれ収入・支出について加減する。

　これを仕訳で示せば，以下のようになる。

（借）現　　　　金	80	（貸）受 取 配 当 金	80
（借）支 払 利 息	120	（貸）現　　　　金	120

⑤ 法人税等支払額

　法人税等支払額は，法人税等から未払法人税等を差し引いて算定される。

　　法人税等支払額450 ＝ 法人税等600 － 未払法人税等150

これを仕訳で示せば，以下のようになる。

（借）法　人　税　等	600	（貸）未 払 法 人 税 等	600
（借）未 払 法 人 税 等	450	（貸）現　　　　金	450

⑥ 投資活動および財務活動によるキャッシュ・フローの処理

　有価証券の取得は，投資活動（証券投資）の支出，借入収入は財務活動の収入として扱われる。

　以上の処理によって，図表11-2のようなキャッシュ・フロー計算書が作成される。

図表11−2 キャッシュ・フロー計算書＜直接法＞

キャッシュ・フロー計算書＜直接法＞	（単位：千円）
営業収入	6,100
仕入支出	−4,650
その他の営業支出	−640
小計	810
配当金の受取額	80
利息の支払額	−120
法人税等支払額	−450
営業活動によるキャッシュ・フロー	320
有価証券取得支出	−290
投資活動によるキャッシュ・フロー	−290
借入金収入	320
財務活動によるキャッシュ・フロー	320
現金・現金同等物増加高	350
現金・現金同等物期首残高	4,000
現金・現金同等物期末残高	4,350

3　間接法の場合の処理

間接法の場合，税引前利益に，非資金項目，営業活動にかかる資産・負債の増減ならびに非営業損益項目を加減して求める（単位：千円−以下省略）。

① 税引前純利益の調整

　（a）税引前当期純利益

　　　　利益剰余金880＋法人税等600＝税引前当期純利益1,480

　（b）非資金項目……減価償却費160（プラス調整）
　（c）営業活動にかかる資産・負債の増減
　　　ⓐ 営業関係負債増加・資産減少……買掛金増加250（プラス調整）
　　　ⓑ 営業関係資産増加・負債減少……売掛金増加900, 商品増加400
　　　（マイナス調整）

（d） 非営業損益項目（「投資活動・財務活動によるキャッシュ・フロー」の区分に含まれる損益項目）の加減
　　ⓐ　受取配当金 80（マイナス調整）
　　ⓑ　支払利息 300（プラス調整）

② **配当金受取額・利息支払額**

配当金受取額 80 と利息支払額 120 とは「営業活動によるキャッシュ・フロー」区分に記載する方法を採用し，それぞれ収入・支出として加減する。

③ **法人税等支払額**

開始項目たる税引前純利益に対する末尾独立明示項目（支出）として法人税等支払額を控除する。

法人税等支払額 450 ＝ 法人税等 600 － 未払法人税等 150

このような処理に基づいて，**図表 11-3** のような「営業活動によるキャッシュ・フロー」が計算される。投資活動および財務活動によるキャッシュ・フローは直接法による場合と同じである。

図表 11-3 営業活動によるキャッシュ・フロー＜間接法＞

営業活動によるキャッシュ・フロー＜間接法＞	（単位：千円）
税引前当期純利益	1,480
減価償却費	160
買掛金増加	250
支払利息	300
売掛金増加	－ 900
商品増加	－ 400
受取配当金	－ 80
小計	810
配当金の受取額	80
利息の支払額	－ 120
法人税等支払額	－ 450
営業活動によるキャッシュ・フロー	320

4 直接法と間接法との比較

ここで直接法と間接法とは、作成方法というよりも営業活動におけるキャッシュ・フローをどのように表示するかの表示方法における相違である。直接法では、営業活動における収入と支出とを直接的に対応・表示するものである。

これに対し、間接法は税引前利益に減価償却費等の非現金費用関係項目（プラス調整項目）を加え、非現金収益関係項目（マイナス調整項目）を差し引いて営業活動によるキャッシュ・フローを算定表示する。その意味ではキャッシュ・インフローとキャッシュ・アウトフローとの差額として算定表示する直接法の方がわかりやすいという利点がある。

しかし、間接法では、利益および減価償却費等からなる粗キャッシュ・フローの大きさを知ることができるし、利益と（営業活動による）キャッシュ・フローとの関係を示すというメリットがある。また、間接法の場合は外部から容易に作成できるというメリットもある。

5 キャッシュ・フロー計算書の作成と役立ち

キャッシュ・フロー計算書においては、企業の活動を営業活動・投資活動・財務活動に区分することにより、営業活動によって創出されたキャッシュ（つまり営業CCE）が、どのように投資活動や財務活動に使用されているか、どの程度投資活動へキャッシュが投下されているか、それが営業活動によるキャッシュの不足によりどの程度財務活動に依存しているか、等の情報を提供する。損益計算書からは十分に捕捉できない情報をもたらすとみられる。

とくに営業活動によるキャッシュ・フローと投資活動によるキャッシュ・フローとの関係が次第に悪化している場合には資金不足が恒常化しており、企業存続の危険性が高まっているとみることができる。

現代会計における資産・負債、収益・費用には多くの判断や見積・予測が含まれる。これに対し、キャッシュ・フローは、基本的にそのような判断や見積・予測を含まない「硬い」（硬度の高い）数値として捉えられる。そして、たとえば、損益計算書の営業利益が毎期ほぼ一定していても、営業活動によるキャッシュ・フローが減少しているときは、現金売上よりも掛売上が増加したり、売

掛金の回収が困難であったりなどの原因により，結果的に「勘定合って，銭足らず」（利益が出ているにもかかわらずキャッシュが不足する）といわれる状態に陥ったり，さらには「黒字倒産」に到る危険性が大きくなる。その判断にあたって，キャッシュ・フロー計算書の情報が役立つとみられる。

なお，間接法によるキャッシュ・フロー計算書は損益計算書および貸借対照表データに基づいて外部でも作成可能であるだけでなく，そこに含まれる「粗キャッシュ・フロー（＝利益＋減価償却費＋長期引当金繰入額）」はその企業（経営者）が，資本コストなしに使用できる内部資金（自己金融）を示すという利点がある。直接法によるキャッシュ・フロー計算書に加えて，間接法による営業キャッシュ・フロー計算（調整計算表）を補足的に開示することが最も望ましい。

6 連結財務諸表の相互関連性

以上より，連結キャッシュ・フロー計算書と連結貸借対照表，連結損益・包括利益計算書，連結株主資本等変動計算書の大まかな関連性を一覧表示すれば図表11-4のように示される。

図表11-4 連結財務諸表の相互関連性

連結貸借対照表	連結CF計算書	連結損益・包括利益計算書
流動資産	営業活動によるCF※	営業利益
固定資産	投資活動によるCF	営業外損益
繰延資産	財務活動によるCF	経常利益
資産合計	現金及び現金同等物増減額	特別損益
流動負債	期首現金及び現金同等物	当期純利益
固定負債	期末現金及び現金同等物	
負債合計		
純資産	**連結株主資本等変動計算書**	(包括利益計算書)
株主資本	期首残高	その他の包括利益:
その他の包括利益累計額	株主資本変動	その他有価証券評価差額金
新株予約権	その他の包括利益累計額変動	繰延ヘッジ損益
非支配株主持分	新株予約権変動	為替換算調整勘定
純資産合計	非支配株主持分変動	その他の包括利益合計
負債・純資産合計	純資産合計	包括利益

(※ CF=キャッシュ・フロー)

第12章 応用会計
——税効果・金融商品・外貨換算会計の概要

　伝統的会計では損益計算目的のもとに取得原価主義と実現主義とに基づいて会計処理がなされ，損益計算書と貸借対照表とを中心とする会計報告が作成された。現代会計では，情報提供目的のもとに，これまでとくに認識・測定されなかった経済事象・事実にまでその会計領域が拡大され，会計報告もさらに複雑化してきている。ここでは，おもに税効果会計・金融商品会計・外貨換算会計について概説しよう。

I 税効果会計

1 税効果会計の目的

　伝統的会計では，長らく税務上の基準（税法会計基準）を優先して損益計算書と貸借対照表とを作成するという実務が行われていた。このような税務上の基準を優先する考え方は，逆基準性とか実質的確定決算主義とよばれた。
　現代会計では，貸借対照表および損益計算書に関する会計基準は，国際的会計基準等の影響のもとに税務上の基準と一致しなくなった。そこで，企業会計上の資産・負債と課税所得計算上の資産・負債との間に相違がある場合に，法人税その他利益に関連する金額を課税標準とする税金（「法人税等」）の額を適切に期間配分することにより，法人税等を控除する前の当期純利益と法人税等を合理的に対応させることを目的とする手続が採用される。このような会計処理を税効果会計という（税効果会計基準第一）。

2　一時差異等の認識

　財務諸表の作成にあたり，貸借対照表に計上されている資産および負債の金額と課税所得計算の結果算定された資産および負債の金額との間に差額が生じる場合，この差額を一時差異という。法人税等については，一時差異に係る税金の額を適切な会計期間に配分しなければならない。

　一時差異は，たとえば次の場合に生じる。

> ① 収益または費用の帰属年度が相違する場合
> ② 資産の評価替えにより生じた評価差額が純資産の部に直接計上され，かつ課税所得の計算に含まれていない場合

　一時差異には，次の2つのものが区別される。

> ① **将来減算一時差異**——当該一時差異が解消するときにその期の課税所得を減額する効果（前払税金効果）を持つもの
> ② **将来加算一時差異**——当該一時差異が解消するときにその期の課税所得を増額する効果（未払税金効果）を持つもの

　なお，将来の課税所得と相殺可能な繰越欠損金等については，一時差異と同様に扱う。一時差異および繰越欠損金等を総称して「一時差異等」という（同基準第二，一）。

3　繰延税金資産，繰延税金負債，法人税等調整額

　一時差異等に係る税金の額は，将来の会計期間において回収または支払が見込まれない場合を除き，繰延税金資産または繰延税金負債として計上しなければならない（同基準第二，二）。

> ① 繰延税金資産または繰延税金負債の金額は，回収または支払見込期間の税率（実効税率）に基づいて計算する。
> ② 繰延税金資産と繰延税金負債の差額の期首期末増減額は，法人税等調整額として計上する。

第12章 応用会計

> **設例 12-1** A社の税引前当期純利益は，第1期，第2期とも10,000千円であった。第1期に不良貸付金4,000千円が発生し，これについて引当金を設定したが，税務上損金に算入されなかった。第2期に，この4,000千円が，税務上損金算入された。税率は30％とする。

ここで，納税申告書（法人税申告書）は，税引前当期純利益に損金不算入額（第1期），損金算入額（第2期）をそれぞれ加減して算定表示される（単位：千円）。

納 税 申 告 書　　　　　　　　（単位：千円）

	第1期	第2期
申告調整前課税所得 （＝税引前当期純利益）	10,000	10,000
貸倒償却調整額	（＋）4,000	（－）4,000
調整後課税所得	14,000	6,000
法人税等（税率30％）	4,200	1,800

これに基づいて税効果会計適用後の損益計算書は，次のようになる。

損 益 計 算 書（税効果会計適用後）（単位：千円）

	第1期	第2期
税引前当期純利益	10,000	10,000
法人税等	（－）4,200	（－）1,800
法人税等調整額	（＋）1,200	（－）1,200
税引後当期純利益	7,000	7,000

税効果会計の適用により，第1期に損金不算入の貸倒償却額（貸倒引当金繰入額）に関する税額（4,000 × 30％ ＝ 1,200）は，いわば前払税金に相当し，法人税等の金額から繰延控除する。第2期の損金算入に伴ってこれを法人税等に加算する。この処理は法人税等調整額を通じてなされる。

したがって，第1期では前払税金に相当する金額はこれを法人税等の金額から繰延控除するため，法人税等調整額に貸方記入し，繰延税金資産を計上する。

　　（借）繰 延 税 金 資 産　　　1,200　　（貸）法人税等調整額　　　1,200

第2期では損金算入に伴い繰延税金資産から法人税等調整額へ振り替える。

（借）法人税等調整額　　　1,200　（貸）繰 延 税 金 資 産　　　1,200

また，たとえば，その他有価証券の時価評価にともなって発生する評価差額は，一時差異にあたり，税効果会計が適用される。

> **設例12-2**　長期保有の2つの銘柄の株式AおよびBの原価と時価は次のようであった。この時の両株式の仕訳を示しなさい（法定実効税率30％）。
> 　　A株式：原価5,000千円；時価　8,000千円
> 　　B株式：原価6,000千円；時価　5,000千円

A株式については長期保有の有価証券（投資有価証券）の評価差益に関する未払前金部分の繰延（将来加算一時差異）であるから繰延税金負債として処理し，B株式は投資有価証券の評価差損に対する前払税金部分の繰延（将来減算一時差異）であるから繰延税金資産として処理する。

① A株式の仕訳

（借）投資有価証券　　　　3,000　（貸）その他有価証券評価差額金　2,100
　　　　　　　　　　　　　　　　　　　繰延税金負債　　　　　　　　900

② B株式の仕訳

（借）その他有価証券評価差額金　700　（貸）投資有価証券　　　　1,000
　　　繰延税金資産　　　　　　　300

なお，繰延税金資産は投資その他の資産の区分に表示し，繰延税金負債は固定負債の区分に表示する。同一納税主体の繰延税金資産と繰延税金負債は，双方を相殺して表示する。異なる納税主体の繰延税金資産と繰延税金負債は，双方を相殺せずに表示する（税効果改正基準，2項）。

4 連結税効果会計

連結財務諸表の作成にあたっても，税効果会計が適用される。すなわち，連結会社の法人税その他利益に関連する金額を課税標準とする税金については，一時差異等に係る税金の額を期間配分しなければならない。連結財務諸表固有の一時差異には，たとえば，次のものがある（連結税効果会計実務指針3）。

> ① 資本連結に際し，子会社の資産および負債の時価評価により評価差額が生じた場合
> ② 連結会社相互間の取引から生じる未実現利益を消去した場合
> ③ 連結会社相互間の債権と債務の相殺消去により貸倒引当金を減額修正した場合

II 金融商品の会計

1 金融商品

金融商品は，金融資産，金融負債およびデリバティブ取引に係る契約の総称としてとらえられる。金融資産は，現金預金・受取手形・売掛金・貸付金等の金銭債権，株式その他の出資証券・公社債等の有価証券ならびにデリバティブ取引により生じる正味の債権等を含む。金融負債は，支払手形・買掛金・借入金・社債等の金銭債務ならびにデリバティブ取引により生じる正味の債務等を含む。金融資産・金融負債には，複数種類の金融資産または金融負債が組み合わされている複合金融商品も含まれる（金融商品会計基準4～5，注1）。

2 受取手形・売掛金等の金銭債権

受取手形・売掛金その他の債権の貸借対照表価額は，債権金額または取得価額から正常な貸倒見積高（貸倒引当金）を控除した金額とする。

(1) 債権区分と貸倒見積高算定法

貸倒見積高に関しては，債務者の財政状態および経営成績等に応じた債権の各区分について，次のような算定方法が適用される（同基準27, 28）。

> ① **一般債権**（重大な問題の生じていない債務者に対する債権）……債権全体または債権種類別に過去の貸倒実績率等合理的な基準による。
> ② **貸倒懸念債権**（経営破綻状態には至っていないが債務の弁済に重大な問題が生じているか，その可能性が高い債務者に対する債権）……次のいずれかの方法による。
>   (a) 担保の処分見込額等を減額した債権残額について債務者の財政状態・経営成績を考慮して算定する。
>   (b) 債権元本回収・利息受取りに係る見積キャッシュ・フローの割引額総額と債権帳簿価額との差額とする。
> ③ **破産更生債権等**（経営破綻または実質的に経営破綻に陥っている債務者に対する債権）……債権額から担保の処分見込額・保証回収見込額を減額したその残額を貸倒見積高とする。

(2) 償却原価法

受取手形，売掛金，貸付金等の債権あるいは満期保有目的の社債その他債券について，その取得において債権金額（額面金額）とその取得価額とが異なる場合がある。その差異が金利の調整と認められるときは，償却原価法を適用し，当該加減額は受取利息（有価証券利息）に含めて処理する。

償却原価法は，金融資産または金融負債を債権額または債務額と異なる金額で計上した場合において，当該差額に相当する金額を弁済期または償還期に至るまで毎期一定の方法（利息法）で貸借対照表価額に加減する方法である。利息法が原則として採用されるが，契約上，元利の支払が弁済期限に一括して行われる場合または規則的に行われることとなっている場合には定額法も認められる（同基準16, 注5, 同実務指針105）。

> **設例 12-3** 3年満期の社債額面金額 100,000 円（社債利率 1%）を 86,635 円で購入した（満期保有目的）。この場合，毎期の社債利息および満期償還額の割引現在価値がその取得価額と等しくなるような実効利子率は 6% となる。

実効利子率は，次の計算で示される。

$$86,635 = \frac{1,000}{1+0.06} + \frac{1,000}{(1+0.06)^2} + \frac{101,000}{(1+0.06)^3}$$

これより，毎期の受取利息配分額（有価証券利息）から利息受取額を差し引いて毎期末債券金額（投資有価証券の償却原価）が求められる。

	期首債券金額	受取利息配分額 (6%)	利息受取額 (1%)	期末債券金額
1年後	86,635 円	5,198 円	1,000 円	90,833 円
2年後	90,833 円	5,450 円	1,000 円	95,283 円
3年後	95,283 円	5,717 円	1,000 円	100,000 円

必要な仕訳を示せば次のようになる。

購入時	（借）投 資 有 価 証 券	86,635	（貸）現 金 預 金	86,635
1年後	（借）投 資 有 価 証 券 　　　現 金 預 金	4,198 1,000	（貸）有 価 証 券 利 息	5,198
2年後	（借）投 資 有 価 証 券 　　　現 金 預 金	4,450 1,000	（貸）有 価 証 券 利 息	5,450
3年後	（借）投 資 有 価 証 券 　　　現 金 預 金	4,717 1,000	（貸）有 価 証 券 利 息	5,717

このように利息法では，取得価額 86,635 円と将来キャッシュ・フロー（社債利息および満期償還額）の割引現在価値とが等しくなる割引利子率（内部利子率）が実効利子率として用いられる。

定額法による場合，その差額 13,365 円（= 100,000 円 − 86,635 円）を毎期 4,455 円ずつ均等に受取利息（有価証券利息）として配分する。

3　有価証券

有価証券は，その保有目的等に従って，次の5つに分類される（同基準15〜18）。

> (1)　**売買目的有価証券**（時価の変動により利益を得ることを目的として保有する有価証券）……時価で評価し，評価差額は当期の損益として処理する。
> (2)　**満期保有目的債券**（満期保有を目的とする社債その他の債券）……取得原価または償却原価法を適用する。取得価額と債券金額との差額の性格が金利の調整と認められる場合，償却原価法が適用される。
> (3)　**関係会社**（子会社株式・関連会社）**株式**……事業投資と同様の考えに基づき取得原価によって評価する。
> (4)　**その他有価証券**……その保有目的が多様であることから，時価によって評価する。評価差額は洗い替え方式に基づき，①合計額を純資産の部に計上するか，②評価損は当期の損失とし評価益は純資産の部に計上する。純資産の部に計上される評価差額については，税効果会計が適用される。
> (5)　**市場価格のない有価証券**……社債その他の債券については，債権の貸借対照表価額に準ずる（取得原価または償却原価法）。それ以外の有価証券は，取得原価による。

売買目的有価証券および決算期後1年以内に満期が到来する社債その他の債券は流動資産に記載される。

4　社債の発行と償却原価法（利息法）

金融負債である社債の発行にあたっては，その発行価額が券面額を上回る場合（打歩発行），両者一致する場合（平価発行），発行価額が券面額を下回る場合（割引発行）が考えられる。わが国では割引発行が一般的である。社債の額面金額と発行価額との差額が金利の調整と認められる場合は償却原価法（利息法）が適用される。

第12章 応用会計

> **設例 12-4** 3年満期の社債額面金額 100,000 円（社債利率 1％）を 89,107 円で発行した（実効利回り：5％）。支払った社債発行費用 6,000 円は，繰延資産に計上した。

実効利回り（実効利子率）は，次の計算で示される。

$$89,107 = \frac{1,000}{1+0.05} + \frac{1,000}{(1+0.05)^2} + \frac{101,000}{(1+0.05)^3}$$

これより，償却原価法（利息法）に基づけば，毎期首の債券金額に社債利息配分額と利息支払額とを加減して期末債券金額（償却原価）が求められる。

	期首債券金額	社債利息配分額 (5%)	利息支払額 (1%)	期末債券金額
1年後	89,107 円	4,455 円	1,000 円	92,562 円
2年後	92,562 円	4,628 円	1,000 円	96,190 円
3年後	96,190 円	4,810 円	1,000 円	100,000 円

繰延資産計上された社債発行費用は毎期均等償却する。これより，必要な仕訳を示せば次のようになる。

```
発行時  (借) 現 金 預 金    89,107  (貸) 社         債    89,107
        社 債 発 行 費     6,000       現 金 預 金     6,000
1年後   (借) 社 債 利 息    4,455  (貸) 社         債     3,455
                                       現 金 預 金     1,000
        (借) 社債発行費償却  2,000  (貸) 社 債 発 行 費   2,000
2年後   (借) 社 債 利 息    4,628  (貸) 社         債     3,628
                                       現 金 預 金     1,000
        (借) 社債発行費償却  2,000  (貸) 社 債 発 行 費   2,000
3年後   (借) 社 債 利 息    4,810  (貸) 社         債     3,810
                                       現 金 預 金     1,000
        (借) 社債発行費償却  2,000  (貸) 社 債 発 行 費   2,000
```

5 デリバティブ取引とヘッジ会計

(1) デリバティブ取引

デリバティブ（派生的金融商品）取引とは，株式・債券・預貯金（金利）・外国通貨・先物商品といった金融商品から発生した取引である。これには，たとえば，次のような取引およびこれらに類似する取引があげられる（財規第8条9～13項等参照）。

> (1) **先物取引**……将来の一定の時期に特定の商品を契約時の約定価格で授受することを内容とする契約（先物契約）。(例) 株式先物，債券先物，商品先物等
> (2) **先渡取引**……将来の一定の時期に現物（通貨および対価）の授受を約する売買取引。(例) 為替予約（外国通貨の将来の売買価格を予め決める取引）
> (3) **オプション取引**……取引の当事者の一方にオプション（選択権）を付与し，一方は相手方にその対価の支払を約する取引。(例)株式オプション，債券（先物）・金利（先物）・通貨・商品先物オプション等
> (4) **スワップ取引**……当事者が元本（・金利）として定めた金額（外貨額）について当該当事者間で取り決めた利率（為替相場）に基づき金銭の支払を相互に約する取引等。(例) 金利スワップ，通貨スワップ等

このようなデリバティブ取引により生じる正味の債権・債務は，時価をもって貸借対照表価額とし，評価差額は，原則として，当期の損益として処理する（金融商品会計基準25）。

(2) ヘッジ取引とヘッジ会計

ヘッジ取引とは，ヘッジの対象となる資産・負債が，相場変動等により損失の可能性にさらされている場合，その損失を相殺するか，そのキャッシュ・フローを固定することによって変動を回避できるような取引を手段として用いる方法である。したがって，ヘッジ取引には，相場変動等により損失の可能性にさらされている資産・負債（ヘッジ対象）と，その損失を回避するための手段（ヘッジ手段）とが存在する。

ヘッジ会計は，ヘッジ取引のうち一定の要件を充たすものについて，ヘッジ対象に係る損益とヘッジ手段に係る損益を同一の会計期間に認識し，ヘッジの効果を会計に反映させるための会計処理である。ヘッジ会計の適用にあたっては，その取引が企業のリスク管理方針に従うとともに，ヘッジ取引時以降，ヘッジ手段の効果が定期的に確認されていることが必要である（同基準30，31）。

(3) ヘッジ会計の方法

ヘッジ会計の処理法としては，繰延ヘッジ会計と時価ヘッジ会計とがある。繰延ヘッジ会計では，時価評価されているヘッジ手段に係る損益または評価差額を，ヘッジ対象に係る損益が認識されるまで資産または負債として繰り延べる。純資産の部に計上されるヘッジ手段に係る損益または評価差額（繰延ヘッジ損益）については，税効果会計を適用する。

時価ヘッジ会計では，ヘッジ対象である資産または負債に係る相場変動等を損益に反映させ，その損益とヘッジ手段に係る損益とを同一の会計期間に認識する。わが国では，繰延ヘッジ会計を原則とし，時価ヘッジ会計の適用も認めている（同基準32）。

設例12-5 以下の取引を(a)繰延ヘッジと(b)時価ヘッジとによって仕訳する。

(1) A社は，国債を4,700千円（単価94円，額面100円）で取得し，「その他有価証券」として保有している。時価の下落に備えて国債先物5,000千円を単価98円（額面100円）で売建て，委託証拠金100千円を差し入れた。

(2) 決算日に国債の時価が4,500千円に下落し，国債先物も単価が96円に低下した。「その他有価証券評価差額金」は，全部純資産の部に計上する方法を採用している。税効果会計は考慮しない。

(a) 繰延ヘッジ（単位：千円）
(1) （借）差 入 証 拠 金　　　100　　（貸）現　金　預　金　　　100
(2) （借）その他有価証券評価差額金 200　（貸）その他有価証券　　　200
　　　　　先 物 取 引　　　　100　　　　繰延ヘッジ利益　　　100
(b) 時価ヘッジ
(1) （借）差 入 証 拠 金　　　100　　（貸）現　金　預　金　　　100
(2) （借）その他有価証券評価損　200　（貸）その他有価証券　　　200
　　　　　先 物 取 引　　　　100　　　　ヘッジ利益　　　　100

決算日にヘッジ対象である国債の時価が4,700千円から4,500千円に下落したのでその他有価証券を200千円減額する。また，ヘッジ手段である単価98円で売建てた国債先物は単価が96円に下落したので，

（98円 − 96円）×（5,000千円÷100円）＝ 100千円

が（繰延）ヘッジ利益となり，一部損失回避される。繰延ヘッジ会計では，その他有価証券の減額分はその他有価証券評価差額金（純資産）で処理する。繰延ヘッジ損益は純資産の部に計上する（実務指針174）。時価ヘッジ会計ではその他有価証券の減額分はその他有価証券評価損として営業外費用に，ヘッジ利益は営業外収益にそれぞれ属する。先物取引にかかる債権は先物取引勘定で処理する。

Ⅲ　外貨換算会計

企業活動の国際化に伴い，企業の取引も売買価額その他取引価額が外国通貨で表示される取引つまり外貨建取引が増大してきている。財務諸表の作成にあたっては，外貨建資産・負債の自国通貨単位（円）への換算を行う必要がある。

1　外貨建取引発生時の処理

外貨建取引は，原則として，当該取引発生時の為替相場による円換算額をもって記録する。取引発生時の為替相場は，取引時レートあるいは取得時レートとよばれる。これ以外にも，決算時レート（決算時の為替相場）や期中平均レー

トなどが用いられる。

　外貨建取引に係る外貨建金銭債権債務と為替予約等との関係が,「ヘッジ会計の要件」を充たしている場合には,当該外貨建取引についてヘッジ会計を適用することができる（外貨換算会計基準一1）。

2　決算時の処理

(1)　換算方法

　外国通貨,外貨建金銭債権債務,外貨建有価証券,外貨建デリバティブ取引等の金融商品については,原則として以下の処理を行う（同基準一2）。

> ①　**外国通貨**……決算時レート（決算時の為替相場による円換算額）
> ②　**外貨建金銭債権債務**（外貨預金を含む）……決算時レート（ただし,外貨建自社発行社債のうち転換請求期間満了前の転換社債については,転換請求の可能性のないものを除き,発行時レート）
> ③　**外貨建有価証券**
> 　　イ．満期保有目的の外貨建債券……決算時レート
> 　　ロ．売買目的有価証券およびその他有価証券……外国通貨による時価の決算時レート
> 　　ハ．子会社株式および関連会社株式……取得時レート
> 　　　外貨建有価証券について,著しい時価下落または実質価額低下により評価額の引下げが求められる場合には,当該外貨建有価証券の時価または実質価額は,外国通貨による時価または実質価額の決算時レート
> ④　**外貨建デリバティブ取引等の時価評価**……外国通貨による時価の決算時レート

(2)　換算差額の処理

　決算時における換算によって生じた換算差額は,原則として,当期の為替差損益として処理する。ただし,有価証券の著しい時価下落・実質価額低下による評価減によって生じた換算差額は,当期の有価証券評価損として処理する。また,金融商品会計基準による時価評価に係る評価差額に含まれる換算差額については,原則として,当該評価差額に関する処理方法に従う（同基準2．(2)）。

3 決済に伴う損益の処理

　外貨建金銭債権債務の決済・外国通貨の円転換に伴って生じた損益は，原則として，当期の為替差損益として処理する。

　外貨建取引の発生日から，その取引に関する外貨建金銭債権債務の決済日に至るまでの間の為替相場の変動による為替差異（為替換算差額・為替決済損益）の処理にあたっては，一取引基準と二取引基準との2つの基準がある。

(1) 一取引基準

　一取引基準は，外貨建取引と，当該取引から生じる外貨建金銭債権債務等に係る為替差異の発生とを1つの連続した取引とみなす。この基準では，決算時および代金決済時の為替相場の変動はすべて最初の外貨建取引の修正として処理する。したがって，その最初の外貨建取引の金額は，原則として代金決済が終わるまで確定しえないこととなる。

(2) 二取引基準

　二取引基準では，外貨建取引と，当該取引から生じる外貨建金銭債権債務等に係る為替差異の発生とを別個の取引として考える。この場合，最初の外貨建取引とは別個の取引（財務取引）に関する為替差損益（為替換算差額・為替決済損益）は，外貨建取引とは別個の財務上の損益として営業外損益に含められる。わが国では，為替差額の処理にあたりこの二取引基準が採用される。

> **設例12-6**　1月10日にアメリカから商品5,000ドルを輸入し，4月30日にこの代金を決済した。そして，この商品は，6月1日に600,000円で掛売した。輸入日，決算日および決済日の為替レートは，それぞれ80円，82円，85円であった。決算日は，3月31日である。これより，①輸入日，②決算日，③決済日，④販売日の仕訳を示しなさい。

(1)　一取引基準の場合，①輸入日，②決算日，③決済日，④販売日の仕訳は，次のように示される。

① (借) 仕　　　　入　　400,000　(貸) 買　掛　　金　　400,000
② (借) 仕　　　　入　　 10,000　(貸) 買　掛　　金　　 10,000
③ (借) 買　掛　　金　　410,000　(貸) 現　金　預　金　425,000
　　　　仕　　　　入　　 15,000
④ (借) 売　掛　　金　　600,000　(貸) 売　　　　上　　600,000

(2) 二取引基準の場合，以下のようになる。

① (借) 仕　　　　入　　400,000　(貸) 買　掛　　金　　400,000
② (借) 為　替　差　損　 10,000　(貸) 買　掛　　金　　 10,000
③ (借) 買　掛　　金　　410,000　(貸) 現　金　預　金　425,000
　　　　為　替　差　損　 15,000
④ (借) 売　掛　　金　　600,000　(貸) 売　　　　上　　600,000

4　在外支店の財務諸表項目

　在外支店における外貨建取引については，原則として，本店と同様に処理する。ただし，在外支店の外貨表示財務諸表に基づいて本支店合併財務諸表を作成する場合には，以下の方法によることができる（同基準二1～3，注11）。
　なお，在外支店の外貨表示棚卸資産について低価基準を適用する場合には，外国通貨による時価または実質価額を決算時レートにより円換算する。

---

① **収益および費用の換算の特例**
　収益および費用（収益性負債の収益化額および費用性資産の費用化額を除く）の換算については，期中平均レートによることができる。
② **外貨表示財務諸表項目の換算の特例**
　在外支店の外貨表示財務諸表項目の換算にあたり，非貨幣性項目の額に重要性がない場合には，支店における本店勘定を除くすべての貸借対照表項目・損益項目について決算時レートによる方法を適用することができる。
③ **換算差額の処理**
　本店と異なる方法による換算によって生じた換算差額は，当期の為替差損益として処理する。

5　在外子会社等の財務諸表項目の換算

なお，連結財務諸表の作成または持分法の適用にあたり，在外子会社または関連会社の外貨表示財務諸表項目の換算は，次の方法による（外貨換算会計基準三1～4）。

① **資産および負債**――決算時レートによる。

② **純資産**――親会社による株式の取得時における純資産に属する項目については，株式取得時のレート，この株式取得後に生じた項目については，当該項目の発生時のレートによる。

③ **収益および費用**――原則として期中平均レート，ただし，決算時レートによることもできる。なお，親会社との取引による収益および費用の換算については，親会社が換算に用いる為替相場による。この場合に生じる差額は，当期の為替差損益として処理する。

④ **換算差額の処理**――為替換算調整勘定として貸借対照表の純資産の部に記載する。

第13章 現在価値と公正価値

I 現代会計と現在価値測定

　現代会計では，厳密な意味での取得原価主義ではなく，取得原価・時価・現在価値の混合的な測定が展開される。すなわち，特定領域について，時価基準や，現在価値基準が適用されるようになった。それとともに，現代会計では資産・負債の評価にあたり，将来キャッシュ・フローの割引現在価値が重要なかかわりを持つようになった。

　ここでは，おもに現在価値測定の適用に密接にかかわる，減損会計・リース会計・退職給付会計・資産除去債務会計の具体的な内容と処理について概説する。とくに，リース会計，退職給付会計基準，資産除去債務の会計は，伝統的会計において認識計上されなかった負債の認識・測定にかかわる。

　リース会計では，リース資産だけでなくリース債務も計上される。リース取引が貸借対照表に計上されない場合，そのリース債務は負債に計上されず，同じ資産を借入金によって調達した場合と比べて，負債は過小に計上され，総資本（総資産＝負債・純資産合計）に占める負債（総資本負債比率）の割合は過小となる。これは情報利用者とくに投資家の意思決定（判断）を誤らせることになりかねない。リース会計によって，リース資産だけでなくリース債務という（隠れ）負債が表出されることとなる。

　退職給付会計では，退職一時金だけでなく，その後の確定給付型の企業年金制度に基づく年金給付の支給にかかわる債務の当期負担分を認識計上する。それは将来の退職給付に関する当期の負担分という（隠れ）負債を表出するもの

とみることもできる。

さらに，近年，有形固定資産の解体・撤去および原状回復が問題となり，その資産除去債務を貸借対照表に計上することが求められるようになった。

II　減損会計

1　固定資産の減損評価

減損会計は，資産の収益性の低下により，投資額の回収が見込めなくなった状態にある資産あるいは資産グループについて，一定の条件の下で回収可能性を反映させるように帳簿価額を減額する会計処理である（減損会計基準意見書三3）。その処理のプロセスは，**図表 13-1** のように示される。

図表 13-1　減損処理のプロセス

① 減損の兆候	減損の可能性のある資産・資産グループを識別する。
② 減損損失の認識	帳簿価額＞割引前将来キャッシュ・フローの場合に減損損失の認識を行う。
③ 減損損失の測定	減損損失＝帳簿価額－回収可能価額
④ 財務諸表の表示	貸借対照表の当該資産から減損損失を減額し，損益計算書の特別損失に計上する。

固定資産の回収可能価額に関しては，正味売却価額と使用価値とのいずれか高い方の金額を用いる。正味売却価額は，資産あるいは資産グループの時価から処分費用見込額を差し引いて算定する。その場合の時価とは，公正な評価額をいい，通常それは観察可能な市場価格としてとらえられる。これが観察できない場合は，合理的に算定された価額をいう。使用価値は，資産または資産グループの継続的使用と使用後の処分によって生ずると見込まれる将来キャッシュ・フローの現在価値をいう。使用価値の算定には，将来キャッシュ・フローの割引現在価値が求められるのに対し，減損損失の認識には，割引前の将来

キャッシュ・フローが用いられる。

帳簿価額から減損損失を減額するにあたっては、直接控除が原則であるが、減損損失累計額として間接控除することも認められる。

このように固定資産に関しては、投資期間全体を通じた回収可能性を評価し、投資額の回収が見込めなくなった時点で、その減損損失を将来に繰り延べないために帳簿価額を減額することが認められる。その投資（固定資産）の回収可能価額をめぐって、正味売却価額と使用価値との比較がなされる。

2　対象資産と具体的処理

減損損失を認識するかどうかの判定と使用価値の算定とにあたって、将来キャッシュ・フローが見積られる。その場合の見積金額は、生起する可能性の最も高い単一の金額（最頻値）か、生起しうる複数の将来キャッシュ・フローをそれぞれの確率で加重平均した額（期待値）を用いる（同基準二3（3））。

減損損失を認識するかどうかの判定およびその測定に際して行われる資産のグルーピングは、他の資産または資産グループのキャッシュ・フローからおおむね独立したキャッシュ・フローを生み出す最小の単位で行う。資産グループについて認識された減損損失は、帳簿価額に基づく比例配分等の合理的な方法により、グループの各構成資産に配分する。

共用資産・のれんを含むより大きな単位について減損損失を認識するかどうかの判定にあたっては、共用資産・のれんを含まない対象について算定された減損損失控除前の帳簿価額に共用資産・のれんの帳簿価額を加えた金額と、割引前将来キャッシュ・フローの総額とを比較する。共用資産・のれんを加えることによって算定される減損損失の増加額は、原則として共用資産・のれんに配分する。

> **設例 13-1**　帳簿価額 1,200 千円の営業設備に減損の兆候がみられる。この設備から得られる将来キャッシュ・フローは、向こう 4 年間毎年 200 千円であり、合計 800 千円と見込まれる。また、設備の正味売却価額は、500 千円と見込まれる。
> 　これより、以下の点について検討する。

> ① 当該設備の使用価値（割引率＝4％）
> ② 当該設備の回収可能価額
> ③ 当該設備の減損損失

① 割引前将来キャッシュ・フローは800千円であり，営業設備の帳簿価額（1,200千円）より低いので，減損損失の認識がなされる。ここで使用価値は次のように計算される（千円以下，四捨五入）。

$$使用価値 = \frac{200}{(1+0.04)} + \frac{200}{(1+0.04)^2} + \frac{200}{(1+0.04)^3} + \frac{200}{(1+0.04)^4} = 726 千円$$

② 回収可能価額は，使用価値（726千円）と正味売却価額（500千円）との高い方であるから使用価値の726千円となる。
③ 減損損失＝帳簿価額（1,200千円）－回収可能価額（726千円）＝474千円

Ⅲ　リース会計の基礎

1　リース取引の貸借対照表計上

リース取引とは，特定の物件の所有者たる貸手（レッサー）が，当該物件の借手（レッシー）に対し，合意された期間（リース期間）にわたりこれを使用収益する権利を与え，借手は合意された使用料（リース料）を貸手に支払う取引をいう。

わが国では貸借対照表に計上（オンバランス）されるリース取引（ファイナンス・リース取引）は，これまで次の2つの要件を充たすものが対象であった（リース会計基準5）。

> ① リース契約に基づくリース期間の中途においてこの契約を解除することのできない取引(解約不能,ノン・キャンセラブル)
> ② 借手が使用するリース物件からもたらされる経済的利益を実質的に享受することができるとともに,その使用に伴って生じるコストを実質的に負担することになるリース取引(フル・ペイアウト)

これに対し,国際会計基準(IFRS 第 16 号「リース」)では①のみ充足する解約不能なリース取引について貸借対照表の計上を求めており,今後わが国のリース会計基準もその方向へ向かう可能性がある。そこで,以下においては,簡単なリース取引の処理について例示するにとどめておきたい。

2　リース取引の会計処理——借手側の処理

貸借対照表に計上されるリース取引の会計処理にあたっては,リース資産・負債の貸借対照表価額を決定する必要がある。ここでは次のようなリース取引についてみておこう。

> **設例 13-2**　A社は,以下のような設備のリース契約を結んだ。
> ① リース期間(解約不能):4 年
> ② リース料:年 1 回 1,000 千円
> ③ 実効利子率:年 4％
> ④ 貸手の購入価額は不明,見積現金購入価額は,3,900 千円,ここでは見積現金購入価額とリース料総額の現在価値とのいずれか低い価額をリース資産・リース債務の貸借対照表価額とする。また,減価償却費は残存価額をゼロとして計算する。

① リース取引の貸借対照表計上

ここでリース料総額の現在価値はいわば将来各期の支払リース料を一定の利子率で現在価値に割り引くことによって計算する。

$$\frac{1,000}{(1+0.04)} + \frac{1,000}{(1+0.04)^2} + \frac{1,000}{(1+0.04)^3} + \frac{1,000}{(1+0.04)^4} = 3,629.89 \text{ 円}$$

これより，千円以下四捨五入すれば，リース料総額の現在価値 3,630 千円は，見積現金購入価額 3,900 千円よりも低いので，この金額がリース契約の貸借対照表価額となる。

② 支払利息の計算

毎期の支払利息は次表のように計算される（単位：千円）。

	期首元本	リース料	支払利息	元本返済	期末元本
1年目	3,630	1,000	145	855	2,775
2年目	2,775	1,000	111	889	1,886
3年目	1,886	1,000	75	925	961
4年目	961	1,000	39	961	0

この表において，1年目の計算を具体的に示せば，以下のようになる。

　　支払利息＝期首元本　×　実効利子率＝　3,630　×　0.04 ＝ 145

　　元本返済＝リース料　－　支払利息＝　1,000　－　145 ＝ 855

　　期末元本＝期首元本　－　元本返済＝ 3,630 －　855 ＝ 2,775

③ 会計処理

当該リース取引では，減価償却費は残存価額をゼロであるから，908 千円（＝ 3,630 ÷ 4）となる（千円以下四捨五入）。

これより，1年目の仕訳は次のようになる。

(1) （借）リース資産　　　　　3,630　（貸）リース債務　　　　3,630
(2) （借）リース債務　　　　　 855　（貸）現　金　預　金　　1,000
　　　　支　払　利　息　　　 145
(3) （借）減　価　償　却　費　 908　（貸）減価償却累計額　　 908

3　リース取引の貸借対照表計上の意義

リース会計は当該リース取引によって発生する将来のリース料支払義務に関する（従来，隠れていた）負債を，当該リース資産の貸手の購入価額あるいは見積購入価額を上限として認識計上するものでもある。そして，リース資産については期間の経過に伴い減価償却がなされるとともに，リース債務についてはリース料の支払いに伴い減額される。リース資産およびリース債務を貸借対

照表に計上することは，企業の財政状態に関する判断をより的確ならしめ，企業の実態をより適切に開示することとなる。ここでは次のような例を考えよう（リース取引＝8,000とする）。

貸借対照表（リース取引非計上）

諸資産	22,000	諸負債	12,000
		純資産	10,000
		（うち当期純利益	3,000）
	22,000		22,000

貸借対照表（リース取引計上）

諸資産	22,000	諸負債	12,000
リース資産	8,000	リース債務	8,000
		純資産	10,000
		（うち当期純利益	3,000）
	30,000		30,000

これより，リース取引を計上する（オンバランス）場合と計上しない（オフバランス）場合とについて，自己資本（純資産）当期純利益率，総資本当期純利益率，総資本負債比率について比較すれば次のようになる。

比　率	リース取引非計上	リース取引計上
自己資本当期純利益率	30%	30%
総資本当期純利益率	13.6%	10%
総資本負債比率	54.5%	66.6%

これより，リース取引非計上の場合と計上の場合とでは，自己資本当期純利益率は同じであり，株主にとってはそう問題はない。総資本当期純利益率および総資本負債比率からは，リース取引計上の場合債権者等の各種利害関係者にとって企業の負担が明確化され，投資家にとって当該企業に関するリスクが明らかとなり，経営者にとっては負債を縮小するかあるいは当期純利益を一層増大させる必要性が明らかとなる。リース取引の計上は，とくに非計上の場合に隠れていた負債を明示することになり，投資家等各種利害関係者に有用な情報となりうる。

Ⅳ 退職給付会計

1 退職給付引当金

退職給付とは，一定の期間にわたり労働を提供したこと等の事由に基づいて退職以後に従業員に支給される給付であり，退職一時金および退職年金等がその典型である（退職給付会計基準意見書三）。このような退職給付に係る債務に対して，企業は，退職給付に充てるため年金資産を外部に積み立てている。

退職給付債務よりも年金資産の方が大きければ，その超過分は資金的に余裕があることになり，「前払年金費用」として資産計上する。逆に，退職給付債務が年金資産よりも大きい場合，年金財源の不足分を「退職給付引当金」として計上する。その場合に，退職給付債務の増減等に関する未認識項目（未認識過去勤務債務・数理計算上の差異）が加減される。これより，退職給付引当金は，次のように算定される。

> 退職給付引当金＝退職給付債務－年金資産±未認識過去勤務債務・未認識数理計算上の差異

退職給付に係る費用は，基本的に次のように算定される。

> 退職給付費用＝勤務費用＋利息費用－期待運用収益相当額
> 　　　　　　±過去勤務債務・数理計算上の差異に係る費用処理額

これより退職給付費用と退職給付引当金との基本的関係について関連項目順に対比すれば，図表 13-2 のように示されるであろう。

図表13-2 退職給付費用と退職給付引当金との基本的関係

勤務費用＋利息費用	退職給付債務
－期待運用収益相当額	－年金資産
±過去勤務債務・数理計算上の差異償却額	±未認識の過去勤務債務・数理計算上の差異
＝退職給付費用	＝退職給付引当金

（または前払年金費用：借方資産計上）

2 退職給付引当金の処理

退職給付会計には次のような項目がかかわる（同基準一～三）。

(1) 退職給付債務と年金資産の評価

① 「退職給付債務」は，退職時に見込まれる退職給付総額のうち，期末までに発生していると認められる額であり，予想退職時から現在までの期間（残存勤務期間）に基づく割引計算によって測定される。

② 年金資産の額は，期末における公正な評価額すなわち時価により計算する。

③ 「期待運用収益相当額」は，年金資産の運用により生じると期待される収益であり，期首の年金資産の額について合理的に予測される収益率（期待運用収益率）を乗じて計算する。

(2) 勤務費用と利息費用

① 「勤務費用」は，一期間の労働の対価として発生したと認められる退職給付をいい，退職給付見込額のうち当期に発生したと認められる額であり，割引計算により求められる。

② 「利息費用」は，割引計算により算定された期首退職給付債務について，期末までの時の経過により発生する計算上の利息である（利息費用＝期首退職給付債務×割引率）。

(3) 過去勤務債務および数理計算上の差異

① 「過去勤務債務」は退職給付水準の改訂に起因して発生した退職給付債務の増減部分である。

② 「数理計算上の差異」は，年金資産運用収益の期待と実際との差異，退職給付債務の数理計算に用いた見積数値と実際との差異および見積数値の変更等により発生した差異である。

　過去勤務債務および数理計算上の差異は，原則として，各期の発生額について平均残存勤務期間以内の一定の年数で均等償却する。この過去勤務債務・数理計算上の差異償却額もまた退職給付費用に含まれる。

③ 「未認識過去勤務債務」・「未認識数理計算上の差異」は，過去勤務債務・数理計算上の差異のうち費用処理されていないものである。

設例13-3 下記の条件に基づいて，(1) 社員Aの毎期の退職給付費用を計算し，(2) 各期の仕訳を示しなさい。

① 社員Aは，3年間勤務し，退職一時金を318,270円受け取る。
② 退職金の毎期の発生額は，勤務期間に比例して均等に発生する。
③ 割引率は3％とする。
④ 過去勤務債務，数理計算上の差異は考慮しなくてもよい。

この設例では退職給付計算の基本構造を理解するために，退職一時金のみを取りあげている。退職一時金は318,270円であるので，これの毎期均等額は106,090円（＝318,270円÷3）である。

① 勤務1年目の勤務費用は，第1期勤務したことにより2年後に退職金均等額106,090円となる分の第1期末の現在価値は2期分だけ割り引く。

$$106,090 円 ÷ (1 + 0.03)^2 = 100,000 円$$

　勤務1年目は，まだ利息費用は生じないので，この勤務費用が退職給付費用となる。

② 勤務2年目は，退職金均等額を1期分だけ割り引く。

勤務費用 $= 106,090 円 ÷ (1 + 0.03) = 103,000 円$

利息費用は,期首(1年目)退職給付債務(100,000円)の3%である。

利息費用= 100,000円 × 3% = 3,000円
退職給付費用=勤務費用+利息費用= 103,000円+ 3,000円= 106,000円
退職給付債務合計額= 1年目退職給付債務+ 2年目退職給付費用
　　　　　　　　= 100,000円+ 106,000円= 206,000円

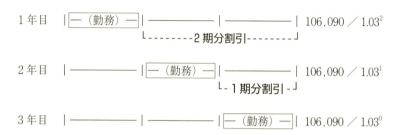

③ 勤務3年目の勤務費用は,退職金均等額を0期分割り引く($(1 + 0.03)^0 = 1$)。すなわち,第3期退職金均等額と等しくなる。

勤務費用= 106,090円÷ $(1 + 0.03)^0$ = 106,090円

利息費用は,2年目退職給付債務(206,000円)の3%である。

利息費用= 206,000円× 3% = 6,180円
退職給付費用=勤務費用+利息費用= 106,090円+ 6,180円= 112,270円
退職給付債務合計額= 2年目退職給付債務+ 3年目退職給付費用
　　　　　　　　= 206,000円+ 112,270円= 318,270円

以上の計算は次のように一覧表示される。

	勤務費用	利息費用	退職給付費用	退職給付債務
1年目	100,000円	——	100,000円	100,000円
2年目	103,000円	3,000円	106,000円	206,000円
3年目	106,090円	6,180円	112,270円	318,270円

各期の仕訳は次のようになる。

1年目	（借）退職給付費用	100,000	（貸）退職給付引当金	100,000
2年目	（借）退職給付費用	106,000	（貸）退職給付引当金	106,000
3年目	（借）退職給付費用	112,270	（貸）退職給付引当金	112,270

さらに，当期の年金・掛金支払額等について処理がなされ，最終的に退職給付費用および退職給付引当金が確定・計上される。

3　連結財務諸表における処理

連結財務諸表に関しては，「退職給付に係る負債」と「退職給付に係る資産」とが固定負債とその他投資資産とにそれぞれ計上される。

> 退職給付に係る負債＝退職給付債務－年金資産
> 退職給付に係る資産＝未認識数理計算上の差異＋未認識過去勤務費用

未認識数理計算上の差異・未認識過去勤務費用については，税効果を調整して，純資産の部のその他包括利益累計額に「退職給付に係る調整累計額」として計上する。また，当期に発生した未認識数理計算上の差異・未認識過去勤務費用ならびに当期に費用処理された組替調整額については，その他の包括利益に「退職給付に係る調整額」として一括計上する（退職給付会計基準27, 28）。

V　資産除去債務の会計

資産の使用後に当該資産の解体・除去に巨額の支出（資産除去支出）を要することがある。この資産使用後の資産除去支出をその使用期間にわたって均等に配分し引当計上することも考えられる。しかし，この方法では，巨額の資産除去費用の将来における負担を当初は必ずしも十分に表出し得ないこととなる。

資産除去債務の会計では，それが発生した時に有形固定資産の除去に要する将来キャッシュ・フローを見積り，これを現在価値割引後の金額で負債計上し，これと同額を関連する有形固定資産の帳簿価額に加えるという，資産・負債の両建処理がなされる。ここでは次のような例を考えよう（資産除去債務会計基

準 6, 7, 同適用指針【設例 1】)。

> **設例 13-4** A 社は設備を期首に 600,000 千円で取得した（耐用年数 3 年，残存価額 0）が，同設備は使用後に除却する法的義務がある。その除去にあたっては，30,000 千円を要すると見積られている。減価償却は定額法による。割引利子率は 3 ％とする。

資産除去債務の期首現在価値は次のように計算される（千円以下，四捨五入）。

期首：30,000 千円 ÷ $(1 + 0.03)^3$ = 27,454 千円

同様に，第 1 期末および第 2 期末の現在価値は各期首現在価値を経過期間分だけ割増しすることによって算定される。

第 1 期末：27,454 千円 × (1 + 0.03) = 28,278 千円
第 2 期末：28,278 千円 × (1 + 0.03) = 29,126 千円

各期の資産除去債務の差額は利息費用であり，これは各期首現在価値について利子率を乗じた金額と等しくなる。

第 1 期末：27,454 千円 × 0.03 = 824 千円
第 2 期末：28,278 千円 × 0.03 = 848 千円
第 3 期末：29,126 千円 × 0.03 = 874 千円

この利息費用は，資産除去債務の金利調整額を意味する（同基準 9）。このような資産除去債務の計算と割引計算によらない伝統的な引当金方式による引当金額と比較すれば，次の図表のようになる。これからも明らかなように，資産除去債務会計の方が，将来における資産除去支出に関する債務をより早期に認識計上することとなる。

	期首	1 期末	2 期末	3 期末
伝統的引当金方式	−	10,000	20,000	30,000
資産除去債務	27,454	28,278	29,126	30,000
利息費用	−	824	848	874

これより，期首の工場設備取得時点では，この資産除去債務の現在価値が負債に計上されるとともに，工場設備には取得原価とこの債務の現在価値との合計金額が計上される（両建処理）。

期首　（借）有形固定資産　　627,454　（貸）現　金　預　金　　600,000
　　　　　　（設　備）　　　　　　　　　　　　資産除去債務　　　27,454

第1期末には，この工場設備の帳簿価額627,454千円に基づいて減価償却費209,151千円（=627,454÷3）が計上される。この費用額および資産額について一覧表示すれば以下のように示される。

	期首	1期末	2期末	3期末
減価償却費		209,151	209,151	209,152
利息費用		824	848	874
費用合計		209,975	209,999	210,026
資産額	627,454	627,454	627,454	627,454
減価償却累計額		209,151	418,302	627,454
資産残存価額	627,454	418,303	209,152	0

これより，各期末および除却時に関して，以下のように仕訳される。

1期末　（借）減価償却費　　209,151　（貸）減価償却累計額　209,151
　　　　　　利息費用　　　　　824　　　　資産除去債務　　　824
2期末　（借）減価償却費　　209,151　（貸）減価償却累計額　209,151
　　　　　　利息費用　　　　　848　　　　資産除去債務　　　848
3期末　（借）減価償却費　　209,151　（貸）資産除去債務　　209,151
　　　　　　利息費用　　　　　874　　　　資産除去債務　　　874
除去時　（借）資産除去債務　30,000　（貸）現　金　預　金　　30,000

なお，除去時に除去に係る支出が当初の見積りを上回った場合にはその差額（履行差額）は費用計上する。

このように，資産除去債務は固定負債に期間の経過とともにその増加額（＝利息費用）が累計されていくこととなる。1年以内に履行されると認められるものは流動負債に計上する。

資産除去債務の会計では，両建処理法により資産除去債務と同額だけ当該資産の貸借対照表価額が増額される。この貸借対照表価額の増額は，いわば減価償却計算における要償却額の計算におけるマイナスの残存価額あるいは将来の解体費用の加算としてとらえられるとともに，資産除去債務の計上により認められる当該資産の固有の使用権の増額としてとらえることもできるであろう。

Ⅵ 現在価値と混合測定

1 混合測定──現在価値と公正価値

わが国の減損会計では，国際会計基準（IFRS，国際財務報告基準）と同様，回収可能価額の算定にあたり，使用価値としてその資産の将来キャッシュ・フロー（たとえば当該資産の減価償却費プラス営業利益の見積額）の割引現在価値が用いられる。これに対し，米国基準では，企業固有の経営者の視点から見積もられる使用価値は採用されず，市場参加者の視点から算定される公正価値が採用される。

公正価値は，国際会計基準に従えば，「測定日時点で，市場参加者間の秩序ある取引において，資産を売却するために受け取るであろう価格または負債を移転するために支払うであろう価格」（すなわち出口価格）とする（IFRS13, par.IN8）。この公正価値の定義では，公正価値は市場参加者の視点から市場を基礎とした測定であり，企業固有の測定ではないことを強調している（郡司2017，178頁）。

退職給付会計では，ある意味において企業の従業員の将来の退職給付の割引現在価値が用いられる。それは，市場参加者の視点というよりも企業固有の将来キャッシュ・フローに基づくものとみられる。リース会計においても将来の支払リース料については企業固有のリース契約から見積もられる。

わが国の資産除去債務基準では「資産除去債務はそれが発生したときに，有形固定資産の除去に要する割引前の将来キャッシュ・フローを見積り，割引後の金額（割引価値）で算定する。」そして，「割引前の将来キャッシュ・フローは合理的で説明可能な仮定及び予測に基づく自己の支出見積り」により，また「割引率は，貨幣の時間価値を反映した無リスクの税引前の利率」が用いられる（同基準第6項）。

資産除去債務では，割引前将来キャッシュ・フローについて市場の評価を反映した金額により，割引率についても信用リスクを調整したものを用いるという考え方もあるが，それは検討の結果，採用されるに至っていない（同基準第36項—40項）。したがって，わが国の資産除去債務基準では公正価値よりもむしろ企業固有の現在価値が指示されているとみられる。

このようにわが国の現在価値基準は，市場参加者の視点による市場関連的な公正価値（としての現在価値：Vgl.FASB2001a：長谷川 2015, 362—372頁）よりも，むしろ企業固有のあるいは経営者の視点による企業体関連的な現在価値が主に採用されているとみてよいであろう。

2 混合会計観と公正価値会計観

IFRS第13号は，市場参加者の視点から公正価値測定の適用を提唱した。それは，会計測定の全体に適用するのではなく，金融資産または金融負債さらにはすでに公正価値が織り込まれている基準を中心に制限的（限定的）に適用する（par.6）。それとともに，この基準は，減損会計における使用価値や棚卸資産における正味実現可能額のように公正価値測定と異なる測定には適用されないことを明記している。このことは，IFRS公正価値測定基準が企業固有の価値の測定を中心とするものには適用されないことを示唆している。それとともに，IFRSでは企業固有の（企業体関連的な）現在価値等の使用・存続が認められている。リース会計（将来リース料の割引現在価値）も同様（適用外）であろう（par.6）。将来のリース料は当事者間の契約によるいわば企業固有のキャッシュ・フローであり，市場において決定されるものではない。

また，わが国の資産除去債務会計では，公正価値よりもむしろ企業固有の現在価値を採用しているとみられる。このような企業体関連的な（資産除去支出

見積額の）現在価値は，IFRSにおける公正価値と乖離することになる。

ここで，混合会計と公正価値会計とについて対比すれば**図表 13-3** のように示されるであろう（郡司 2017, 181 頁）。

図表 13-3 混合会計観と公正価値会計観

	混合会計観（狭義）	公正価値会計観
立場等	企業固有・経営者の視点，主体的（主観的）測定評価	市場参加者間の秩序ある取引の視点，客体的（客観的）測定評価
立場	企業体中心（企業体関連的）	市場中心（市場関連的）
視点	経営者の視点	市場参加者の視点
観点	主観的（主体的）	客観的（客体的）
測定基準	＜混合測定（狭義）＞ ・取得原価・再調達原価・取替原価（入口価格） ・売却価値（市場価格） ・企業体関連的現在価値	＜公正価値測定＞ 市場価格（出口価格）（レベル 1） 観察可能な類似市場価格（レベル 2） 市場関連的価値評価技法（レベル 3）
原価	取得原価（入口価格・出口価格）	過去の公正価値（出口価格中心）
時価	再調達原価・取替原価 （購入市場価格＝入口価格）	現在再調達原価（他の資産と組合せ使用）＜コスト・アプローチ＞
	正味売却価格（売却市場価格＝出口価格）	秩序的な市場価格（出口価格）＜マーケット・アプローチ＞
現在価値	企業固有または経営者の見積；期待値・最尤値（最頻値）・無リスク利子率	市場（参加者）の観点からの見積；期待値・リスク調整利子率・各種評価モデル（期待現在価値評価モデルを含む）＜インカム・アプローチ＞
適用領域	国内会計基準・公正価値非適用領域	金融商品・企業結合・公正価値既適用領域

ここで，公正価値のヒエラルキーにおいてレベル 1 は直接市場関連的測定が可能な場合（直接的測定），レベル 2 は間接的に測定可能な場合（間接的測定），レベル 3 は観察可能でない場合（代替的測定）の評価技法へのインプットのレベルを意味する。また，評価技法に関しては，市場価格を中心とするマーケット・アプローチ，再調達原価を中心とするコスト・アプローチ，将来キャッシュ・フローの割引現在価値等を中心とするインカム・アプローチに区別される（IASB2012，par.67，par.72）。

　このような公正価値測定は現在，IFRS 適用企業の段階にとどまっているものの，早晩わが国の企業会計基準にもコンバージェンスをつうじて部分的に導入されつつある。それとともに混合測定もまたより公正価値測定を多く含んだ広い意味での内容とならざるを得ないと思われる。しかし，その半面，公正価値測定の全面的な適用までには至らないであろうし，市場参加者の視点の全面的適用には至らないと思われる（郡司 2017，180-184 頁）。

第14章 財務諸表分析の基礎

I 基本財務諸表の分析

1 貸借対照表の分析――財務構造分析

貸借対照表は企業の財政状態・財務構造を表示する。このことから，(1) 流動性（短期支払能力）と (2) 安定性（長期支払能力）の分析を通じて，その企業の財務的健全性の判断が可能となる。

(1) 流動性の分析

企業の流動性は，流動資産と流動負債との関係に基づいて判断され，おもに短期支払能力の判断に役立つ。すなわち，短期に流動化する流動資産は短期に返済を要する流動負債よりも大きいことが望ましい。

流動資産＞流動負債

この関係は次のような流動比率として示される。

$$① \quad 流動比率 = \frac{流動資産}{流動負債} \times 100 \ (\%)$$

流動資産と流動負債との良好な関係が成り立つためには，この流動比率は100％を超えることが必要であり，200％が理想とされる。

ところで，流動資産は当座資産・棚卸資産・その他の流動資産に区分できる。

棚卸資産は，流動負債の返済に直接充当することはできない。棚卸資産は販売（売却）されてはじめて当座資産となる。流動負債の返済のためには，当座資産がある程度の大きさを保つことが必要である。この関係は，次のような当座比率によって示される。

$$② \quad 当座比率 = \frac{当座資産}{流動負債} \times 100 \ (\%)$$

この比率は100％以上であることが望まれる。この比率はまた，短期支払能力に関して流動比率に対する酸性試験（リトマス試験）の役割を果たすところから，酸性試験比率ともよばれる。

さらに最も安全確実な短期支払能力は，次の現金預金比率によって知ることができる。ただし，この比率が高すぎると，現金預金の適切な運用（投資）がなされていないと判断されることがある。

$$③ \quad 現金預金比率 = \frac{現金預金}{流動負債} \times 100 \ (\%)$$

(2) 安定性（長期支払能力）の分析

流動性の分析が貸借対照表の流動区分を中心とするのに対し，安定性は貸借対照表の固定資産等と負債・純資産とを中心に，おもに企業の長期支払能力の判断に役立つ。

企業に長期間拘束される固定資産は，長期間使用可能な資本，すなわち長期資本（＝固定負債＋純資産）によって調達される必要がある。この関係は長期固定適合比率によって判断されうる。この比率が低いほど企業は安定しているとみられる。

$$① \quad 長期固定適合比率 = \frac{固定資産}{長期資本} \times 100 \ (\%)$$

固定資産は，さらに純資産（自己資本）によって調達運用されることが望ましい。この関係は固定比率によって判断される。この比率も低いほど企業は安

定しているとみられる。

$$② \ 固定比率 = \frac{固定資産}{純資産（自己資本）} \times 100 \ (\%)$$

　純資産（自己資本）よりも負債の割合が大きい場合，業績が好調なときは有利に作用するが，業績が不調になると過大な負債に対する利息の支払が企業にとって大きな負担となる。次の自己資本（純資産）比率が50％を超える方が，相対的に安全性が高いとみられる。

$$③ \ 自己資本（純資産）比率 = \frac{純資産（自己資本）}{総資本} \times 100 \ (\%)$$

2　損益計算書の分析──期間成果の分析

　損益計算書は，一期間における企業の経営成績を算定表示する。この損益計算書に関する期間成果の分析にあたっては，とくに売上高に関する各種利益（売上総利益，営業利益，経常利益，純利益）との関係と，売上高と売上原価および各種営業費（販売費及び一般管理費）との関係の分析が中心となる。

$$① \ 売上高総利益率 = \frac{売上総利益}{売上高} \times 100 \ (\%)$$

$$② \ 売上高営業利益率 = \frac{営業利益}{売上高} \times 100 \ (\%)$$

$$③ \ 売上高経常利益率 = \frac{経常利益}{売上高} \times 100 \ (\%)$$

$$④ \ 売上高当期純利益率 = \frac{当期純利益}{売上高} \times 100 \ (\%)$$

$$⑤ \ 売上原価率 = \frac{売上原価}{売上高} \times 100 \ (\%)$$

$$⑥ \ 各種営業費率 = \frac{各種営業費}{売上高} \times 100 \ (\%)$$

ここで，売上高営業利益率と売上原価率および各種営業費率との間には次の関係が成り立つ．

> 売上高営業利益率＝1－売上原価率－各種営業費率

3　総合収益性分析——資本収益性分析

資本利益率を中心とする分析は貸借対照表と損益計算書との双方にかかわる分析であり，企業の総合的な収益性の分析としてとらえられる．資本利益率は下記の関係からも明らかなように，売上高利益率と資本回転率との積として示される．

ここで売上高利益率に関しては，すでに損益計算書の期間成果の分析においてみてきたところである．資本利益率と資本回転率とに関しては，貸借対照表と損益計算書との双方にわたって分析がなされる．

(1)　資本利益率の分析

資本利益率に関しては資本と利益とに関していかなるものを用いるかによって多様な組み合わせが可能であり，さまざまな分析がなされうる．利益に関しては，売上高利益率の場合と同様，売上総利益，営業利益，経常利益，純利益等が考えられる．

資本（期中平均在高）に関しては，一般的には，総資本，経営資本，自己資本（純資産）等が考えられる．経営資本は，企業の目的とする経営活動とくに生産・販売活動（営業活動）に投下拘束されている資産（資本）である．それは，企業の総資本（総資産）から投資資産，繰延資産，遊休資産，未稼働資産（建設仮勘定等）を控除したものとしてとらえられる（阪本1983c）．

これより，次のような資本利益率が基本的なものとしてあげられる。

① 経営資本営業利益率 $= \dfrac{\text{営業利益}}{\text{経営資本}} \times 100\ (\%)$

② 総資本経常利益率 $= \dfrac{\text{経常利益}}{\text{総資本}} \times 100\ (\%)$

③ 総資本当期純利益率 $= \dfrac{\text{当期純利益}}{\text{総資本}} \times 100\ (\%)$

④ 自己資本（純資産）当期純利益率 $= \dfrac{\text{当期純利益}}{\text{純資産}} \times 100\ (\%)$

①の経営資本営業利益率は，経営者の立場から経営活動とくに生産・販売活動（営業活動）の成果ないし収益性を判断するのに役立つ。②の総資本経常利益率は，企業へ投下した総資本による当期の全体的な経営活動の成果ないし収益性を示す。③の総資本当期純利益率は，期間外損益を含む包括的な企業活動の収益性を示すと考えられる。

②および③はおもに投資家や経営者さらには各種利害関係者の立場から重視される比率であるのに対し，④の自己資本（純資産）当期純利益率は，おもに株主（所有主）の立場から重視される比率である。

総資本には，自己資本たる純資産だけでなく他人資本たる負債も含まれる。そこで総資本利益率に関して，分子に，自己資本の成果たる利益とともに他人資本の成果たる利子（支払利息）をも含めることがある。最近では，EBITDA（利子・税金・償却費控除前利益，Earnings Before Interest, Taxes, Depreciation and Amortization）やEBIT（利子・税金控除前利益）を使用する企業がかなりみられる。

(2) 資本回転率と資本回転期間の分析

資本回転率は，一定期間中に投下された資本の利用度ないし利用上の効率を売上高による回収回数によって示す指標である。また，このような各種資産回転率の逆数を求めれば，各種資産回転期間数が算定される。これらに関しては次のような指標が重要である。

$$① \ 総資本回転率 = \frac{売上高}{総資本}$$

$$② \ 経営資本回転率 = \frac{売上高}{経営資本}$$

$$③ \ 各種資産回転率 = \frac{売上高}{各種資産}$$

$$④ \ 各種資産回転期間 = \frac{各種資産}{売上高}$$

資本の内訳を各種資産にまでさかのぼることによって,各種資産に投下されている資本の利用度ないし利用上の効率を知ることができる。各種資産回転率は,各種資産の利用効率を判断するのに役立つ。回転率が高いほどその資産への投下資本の効率は高いこととなる。資産回転率が大きい場合,回転期間はそれだけ短くなる。

4 利益構造・資本構造の分析と応用

(1) 損益分岐点分析とMS比率

2期間以上の実績数値を利用することにより利益構造および資本構造の分析を行うことができる。損益分岐点分析と資本回収点分析とがこれである。損益分岐点分析に関しては,2期間以上の売上高および費用数値を用いることにより損益分岐点が求められる。

$$損益分岐点売上高 = \frac{固定費}{(1-変動費\div売上高)} = \frac{固定費}{(1-変動費率)}$$

損益分岐点は,費用と収益とが等しくなる点(売上高)であり,損益がゼロとなる点あるいは損失と利益とが分岐する点(売上高)である。これは**図表14-1**のような損益分岐点図表(利益図表)から明らかとなる。

図表14−1 損益分岐点図表（利益図表）

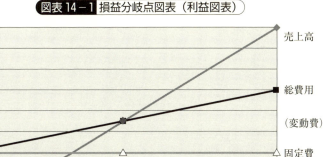

損益分岐点分析のためには，固定費と変動費との分解が必要となる（固変分解）。固変分解にあたり，2期間の実績数値を用いる場合，次のような計算がなされる。

$$
\begin{aligned}
\text{変動費率} &= （当期費用 - 前期費用） \div （当期売上高 - 前期売上高） \\
\text{固 定 費} &= 当期費用 - （変動費率 \times 当期売上高） \\
&= 当期費用 - 当期変動費
\end{aligned}
$$

3期間以上の実績数値を用いる場合は，通常，最小2乗法が適用される。この他にも，スキャターグラフ法（散布図表法），勘定精査法等がある。また，費用の範囲としては，総費用，営業費用，製造費用等がその分析目的に応じて使い分けられる。

この損益分岐点売上高を用いることにより，次のようなMS（Management Safety）比率を求めることができる。このMS比率は経営安全性の判断に役立つ。

$$
\text{MS 比率} = \frac{（当期売上高 - 損益分岐点売上高）}{当期売上高}
$$

(2) 資本回収点分析

2期間以上の売上高および資本（資産）数値を用いることにより資本回収点売上高が求められる。

$$資本回収点売上高 = \frac{固定資本}{(1 - 変動資本 \div 売上高)} = \frac{固定資本}{(1 - 変動資本率)}$$

この資本回収点は，資本と売上高とが等しくなる点であり，売上高によって資本が1回回収される点（売上高）である。いいかえれば，これは資本回転率が1となる点（売上高）である。これは**図表 14-2** のような資本回収点図表（資本図表）で示される。

なお，ここでの資本としては，総資本（総資産）かまたは経営資本（経営資産）が用いられる。したがって，固定資本と変動資本との分解にあたっては貸方側の負債・資本数値よりも借方側の資産数値を用いる。たとえば，変動資本は，変動的な資産部分であり，流動資産からその固定的部分（恒常手持的部分）を除いた部分がこれに相応することとなる。

固変分解にあたり，2期間の実績数値を用いる場合，次のように計算される。

$$
\begin{aligned}
変動資本率 &= (当期資本 - 前期資本) \div (当期売上高 - 前期売上高) \\
固定資本 &= 当期資本 - (当期売上高 \times 変動資本率) \\
&= 当期資本 - 当期変動資本
\end{aligned}
$$

3期間以上の実績数値を用いる場合は，通常，損益分岐点の場合と同様，最小2乗法が適用される。この他にも，損益分岐点分析と同様の固変分解法が用いられる。

図表14-2 資本回収点図表（資本図表）

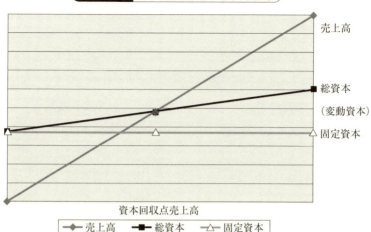

(3) 利益計画・資本計画への応用

損益分岐点・資本回収点分析は財務計画（利益計画・資本計画）に応用されることがある。それは，次のような損益分岐点に基づく目標利益達成点と資本回収点に基づく目標達成必要資本額計算によって，利益計画と資金計画（必要資本計画）とを作成できる（阪本1969 195-207頁）。

① 利益計画への応用

利益計画の設定にあたっては，まず当期の実績に基づいて次期の目標利益 G を定め，この目標利益を達成するのに必要な売上高つまり目標利益達成点 Sg を求める。その場合に，損益分岐点分析を応用すれば次のような式が示される。

目標利益達成点＝（固定費＋目標利益）／（1－変動費率）

$$Sg = (F + G) / (1 - v)$$

② 資金計画（資本構造計画）への応用

資本回収点分析でみてきたように，目標売上高 Sg を達成するのに必要な資本 Kg は，資本回収点分析における必要資本の算定を応用して，次のように示される（FK ＝固定資本；w ＝変動資本率）。

目標達成必要資本＝固定資本＋変動資本率×目標売上高

$$Kg = FK + w \cdot Sg$$

③ 利益計画・資金計画の作成

これより，次のような利益計画表・資金計画表が作成される。

<table>
<tr><th colspan="2">利益計画表</th></tr>
<tr><td>計画売上高</td><td>Sg</td></tr>
<tr><td>計画変動費</td><td>v・Sg</td></tr>
<tr><td>計画限界利益</td><td>Sg − v・Sg</td></tr>
<tr><td>計画固定費</td><td>F</td></tr>
<tr><td>計画利益</td><td>G</td></tr>
</table>

<table>
<tr><th colspan="2">資金計画表</th></tr>
<tr><td>計画変動資本</td><td>w・Sg</td></tr>
<tr><td>計画固定資本</td><td>FK</td></tr>
<tr><td>計画必要資本額</td><td>Kg</td></tr>
<tr><td>自己資金（EK）</td><td>EK</td></tr>
<tr><td>要資金調達額</td><td>Kg − EK</td></tr>
</table>

　この要資金調達額をいかにするかなどさらに具体的な資金調達・運用を織り込んだ資金計画が展開されることとなる。

　以上のような計画計算を，表計算ソフトを用いて行えば，次期の目標売上高を変更することによって，さまざまのシミュレーションが可能である。大企業の第1次財務計画はもとより，中小企業・店舗の短期財務計画にも利用できる。管理会計（計画会計）の簡単ではあるが有用なモデルとなる。

5　発展性の分析と企業の総合指標による判定

(1) 発展性分析

　発展性は2期間の売上高，資本，利益を比較することによって示される。これには，売上成長率，資本成長率（投資成長率），利益成長率等が用いられる。

① 売上成長率 $= \dfrac{当期売上高}{前期売上高} \times 100$（％）

② 資本成長率 $= \dfrac{当期資本}{前期資本} \times 100$（％）

③ 利益成長率 $= \dfrac{売上高}{前期利益} \times 100$（％）

なお，資本成長率の資本（期中平均有高または便宜的には期末有高）に関しては，その分析の目的あるいは立場によって，総資本，経営資本，自己資本（純資産）等が用いられる。同様に，利益成長率の利益に関しても，売上総利益，営業利益，経常利益，当期純利益等が用いられる。

(2) 比較財務諸表分析

発展性分析の基礎には2期以上の財務諸表について比較分析する比較財務諸表分析が見いだされる。そこでは，2期以上の比較貸借対照表および比較損益計算書を作成し，その増減原因を分析することとなる。

(3) 企業の総合指標による判定

以上のような各種指標を組み合わせることにより，企業経営に関する総合的判断を行うことができる。たとえば収益性，流動性，財務安定性，発展性といった重要な指標に従って，それぞれに関する適切な比率を選択し，それを用いて企業の経営活動に関する総合的な判定が可能になる。

このような総合判定にあたっては，各比率の重要性に従ってウェートづけを行うインデックス法や，レーダチャート形式で表示するレーダチャート法などが利用される。

II 連結財務諸表の分析

上述のような個別財務諸表の分析は，連結企業集団の財務諸表，すなわち連結財務諸表の分析にも同様に役立つ。連結財務諸表の分析に関しては，さらに次のような分析が基本的に重要である。

1 連単倍率

連単倍率は，各種指標について連結財務諸表と親会社の個別（単独）財務諸表とを比較し，その倍率を求めることである。これにより，親会社が連結企業集団に占める位置（関係性・重要性）が明らかにされる。この連単倍率は，事業持株会社の場合にとくに役立つ。

2 EPS・ROE・PER

1株当たり純資産と1株当たり当期純利益は，連結財務諸表に注記することが求められる。1株当たり当期純利益は EPS（Earnings Per Share）とも称される。この2つの1株当たり情報から ROE（Return On Equity，株主資本利益率あるいは純資産利益率）と PER（Price Earnings Ratio, 株価収益率）が求められる。

① EPS（1株当たり当期純利益）$= \dfrac{\text{普通株式に係る当期純利益}}{\text{期中平均普通株式数}} \times 100\ (\%)$

② ROE（純資産利益率）$= \dfrac{\text{1株当たり当期純利益}}{\text{1株当たり純資産}} \times 100\ (\%)$

③ PER（株価収益率）$= \dfrac{\text{株 価}}{\text{1株当たり当期純利益}} \times 100\ (\%)$

3 連結キャッシュ・フロー計算書の分析

連結キャッシュ・フロー計算書の分析に関しては，次の比率が重要とみられる（CF はキャッシュ・フローの略）。

① 売上高対営業 CF 比率 $= \dfrac{\text{営業 CF}}{\text{売上高}} \times 100\ (\%)$

② 営業 CF 対各種利益率 $= \dfrac{\text{各種利益}}{\text{営業 CF}} \times 100\ (\%)$

③ 営業 CF 対投資 CF 比率 $= \dfrac{\text{投資 CF}}{\text{営業 CF}} \times 100\ (\%)$

①の売上高対営業 CF 比率は，営業 CF が売上高に対してどの程度の大きさであるかを知るのに役立つ。この比率が低下しているときは，売掛金の回収等に困難が生じている可能性がある。②の営業 CF 対各種利益率は発生主義会計に基づく各種利益（営業利益，経常利益，当期純利益）と営業 CF との相対的関係を判断するために用いられる。この営業 CF 対各種利益率と売上高対営業

CF比率とを乗じれば売上高対各利益率が求められる。これらの比率は売上高利益率と営業CFとの関係を観察するのに役立つであろう。

③の営業CF対投資CF比率は，営業CFがどの程度投資CFに向けられたかを知るのに役立つ。この場合，投資CFの代わりに投資支出を用いてもよい。営業CFと投資CFとの差額はまた，フリーキャッシュ・フローとよばれることがある。このような営業CFと投資CFとの関係が次第に悪化している場合には資金不足が恒常化しており，企業存続の危険性が高まっているとみられる。

4　セグメント情報の分析

連結財務諸表には当該企業集団（グループ）の活動区分すなわち事業セグメントの業績（売上高・営業損益・資産・減価償却費・資本的支出）を注記することが求められる。セグメント情報を用いることにより，たとえば以下のようなセグメント業績の基本的な分析が可能となる。この場合，セグメント別資産には，経営資本（経営資産）だけでなく，投資資産なども含まれることが多いとみられるため，使用資本という表現を用いている。セグメント別資産は，各セグメントの使用資本ないし投下資本としてとらえられる。

① セグメント別売上高営業利益率 = $\dfrac{\text{セグメント別営業利益}}{\text{セグメント別売上高}} \times 100$（％）

② セグメント別使用資本回転率 = $\dfrac{\text{セグメント別売上高}}{\text{セグメント別資産}} \times 100$（％）

③ セグメント別使用資本営業利益率 = $\dfrac{\text{セグメント別営業利益}}{\text{セグメント別資産}} \times 100$（％）

この3つの比率の間には次の関係が示される。

使用資本営業利益率 ＝ 売上高営業利益率 × 使用資本回転率

このような事業セグメントの分析は，各事業領域の業績とともに，グループの事業別活動の重点，製品ライフサイクルとの関係に基づく各事業部門の成長・

ピーク・衰退等の判断とこれに基づくグループ全体の将来予測等に役立つ。また，地域に関する情報を併用した分析は，そのグループの地域別（国別・大陸別）活動の重点や成長性，危険性，地域社会貢献度等の判断に役立つ。それとともに各期におけるセグメントの設定・変更からはその企業（最高意思決定機関）の戦略形成のあり方や戦略の変更等をかなりの程度知ることができる。

参 考 文 献

【文　献】

AAA, Accounting and Reporting Standards for Corporate Financial Statements—1957Revision, *The Accounting Review*, Vol.32, No.4, 1957, pp.536-546.（中島省吾訳『増訂 AAA 会計原則』中央経済社，1964 年）

FASB, *An Analysis of Issues Related to Conceptual Framework for Financial Accounting and Reporting : Elements of Financial Statements and Their Measurement, FASB Discussion Memorandum*,1976.（津守常弘監訳『FASB 財務会計の概念フレームワーク』中央経済社，1997 年）

―――, SFAC No.1, Objectives of Financial Reporting by Business Enterprise, 1978（平松一夫・広瀬義州訳『FASB 財務会計の諸概念［増補版］』中央経済社，2002 年）．

―――, Accounting Standards Statements of Financial Accounting Concepts 1-6, McGRAW-HILL, 1986.（平松一夫・広瀬義州訳『FASB 財務会計の諸概念［増補版］』中央経済社，2002 年）

―――, SFAS No.95, Statement of Cash Flows, 1987.

―――, SFAC No.7, Using Cash Flow Information and Present Value in Accounting Measurements, 2000.（平松一夫・広瀬義州訳『FASB 財務会計の諸概念［増補版］』中央経済社，2002 年）

―――, SFAS No.143,Accounting for Asset Retirement Obligations, 2001a.

―――, SFAS No.144, Accounting for the Impairment or Disposal of Long-lived Assets, 2001b.

―――, *Fair Value Measurement*, 2004.

―――, SFAS 57, Fair Value Measurement, 2006.

IASC, *Framework for the Preparation and Presentation of Financial Statements*, 1989.（日本公認会計士協会国際委員訳『国際会計基準書　2001』同文舘出版，2001 年）

IASB, IAS 1, *Presentation of Financial Statements*, 2007.

―――, *International Financial Reporting Standards® 2010, Part A&B, IASCF*, 2010.（企業会計基準委員会・財務会計基準機構監訳『国際財務報告基準書（IFRSs®）2010 Part A・Part B』中央経済社，2011 年）

―――, *The Conceptual Framework for Financial Reporting 2010*, 2010.

―――, IFRS　No.13, Fair Value Measurement, IASB, 2012.（IFRS 財団編『2013 国際財務報告基準 IFRSs　PART A』中央経済社，2014 年）

―――, International Financial Reporting Standards® 2017, Part A&B, IASCF, 2017.（企業会計基準委員会・財務会計基準機構監訳『国際財務報告基準書（IFRSs®）2017 Part A・Part B』中央経済社，2017 年）

―――, *Conceptual Framework for Financial Reporting 2018*, March 2018.

Käfer, K.,,*Die Bilanz als Zukunftsrechnung — Eine Vorlesung über den Inhalt der Unternehmungsbilanz*, Zürich, 3.Aufl.,1976.（1. Aufl.,1962）（安平昭二・郡司健訳『ケーファー簿記・貸借対照表論の基礎』中央経済社，2006 年）

Paton,W.A., and A.C. Littleton, *An Introduction to Corporate Accounting Standards*, AAA, 1940. （中島省吾訳『会社会計基準序説（改訳版）』森山書店，1958 年。）

Schmalenbach,E., *Dynamische Bilanz*, 13.Aufl.,Köln und Opladen,1962.

井尻雄二『三式簿記の研究—複式簿記の論理的拡張をめざして—』中央経済社,1983 年 (Y.Ijiri, Triple-Entry Bookkeeping and Income Momentum, AAA, 1982.)。

土岐政蔵訳『十二版動的貸借対照表論』森山書店，1959 年。(Schmalenbach,E., Dynamische Bilanz,12.Aufl., Köln und Opladen, 1953.)

秋葉賢一・高野公人・布施伸章・阿部光成「【特集】新会計基準・改正税法から読み解く収益認識の実務論点」『企業会計』第 70 巻第 7 号，2018 年。

荒井優美子「収益の額」『企業会計』第 70 巻第 8 号，2018 年。

興津裕康『貸借対照表論の研究』森山書店，1984 年。

菊谷正人「資産除去費用の会計処理法に関する比較分析」『財務会計研究』第 2 号，2008 年。

阪本安一『会計学概論』国元書房，1969 年。

───『現代会計の基礎理論』中央経済社，1982 年。

───『基礎会計学［全訂版］』中央経済社，1983a 年。

───『新講財務諸表論［全訂版］』中央経済社，1983b 年。

───『経営分析入門［全訂版］』中央経済社，1983c 年。

───『新会計学入門』税務経理協会，1984a 年。

───『全訂財務諸表論』税務経理協会，1984b 年。

───『情報会計の基礎』中央経済社，1988 年。

桜井久勝『財務会計講義［第 11 版］』中央経済社，2010 年。

佐藤信彦『財務諸表の要点整理［第 7 版］』中央経済社，2007 年。

染谷恭次郎『財務諸表三本化の理論』国元書房，1983 年。

武田隆二『会計［第 2 版］』税務経理協会，1994 年。

───『会計学一般教程［第 7 版］』中央経済社，2008a 年。

───『最新財務諸表論［第 11 版］』中央経済社，2008b 年。

長谷川茂男『米国財務会計基準の実務［第六版］』中央経済社，2015 年。

野村健太郎『現代財務会計［四訂新版］』税務経理協会，2008 年。

古内和明「わが国に特有な取引の設例と経過措置」『企業会計』第 70 巻第 11 号，2018 年。

安平昭二『会計システム論研究序説－簿記論的展開への試み－』神戸商科大学経済研究所，1994 年。

郡司健『現代会計の基礎－発生主義会計の展開と情報開示－』中央経済社，1989 年。

───『未来指向的会計の理論』中央経済社，1992 年。

―――『最新財務諸表会計［第1版］』中央経済社，1994年。
―――『現代会計報告の理論』中央経済社，1998年。
―――『現代基本会計学』税務経理協会，1999年。
―――『現代会計構造の基礎』中央経済社，2006年。
―――『最新財務諸表会計［第5版］』中央経済社，2009年。
―――『財務諸表会計の基礎』中央経済社，2012年。
―――『現代財務会計のエッセンス』中央経済社，2017年。

＜主要参考資料＞

本書では煩雑さを避けるため本文では，多くは具体的なその典拠を省略しているが，下記のようなわが国主要会計原則・規則・基準・実務指針等について参照している（［］内はその略称）。

企業会計審議会「企業会計原則・同注解」（最終改正：昭和57年4月20日）
企業会計審議会「連結財務諸表原則・同注解」（改正：平成9年6月6日）：［連結原則］
企業会計審議会「外貨建取引等会計処理基準」（最終改正平成11年10月22日）：［外貨換算会計基準］
企業会計審議会「連結キャッシュ・フロー計算書等の作成基準」（平成10年3月13日）：［連結キャッシュ・フロー会計基準］
日本公認会計士協会会計制度委員会報告第8号「連結財務諸表におけるキャッシュ・フロー計算書に関する実務指針」（最終改正平成23年1月12日）：［連結キャッシュ・フロー会計実務指針］
企業会計審議会「研究開発費等に係る会計基準」（平成10年3月13日）：［研究開発費等基準］
企業会計審議会「退職給付に係る会計基準」（平成10年6月16日）：［退職給付会計基準］
企業会計審議会「税効果会計に係る会計基準」（平成10年10月30日）：［税効果会計基準］
日本公認会計士協会会計制度委員会報告第6号「連結財務諸表における税効果会計に関する実務指針」（最終改正平成23年1月12日）：［連結税効果会計実務指針］
企業会計審議会「固定資産の減損に係る会計基準」（平成14年8月9日）：［減損会計基準］
企業会計基準委員会・企業会計基準第1号「自己株式及び準備金の額の減少等に関する会計基準」（最終改正平成25年9月13日）：［自己株式等会計基準］
企業会計基準第2号「1株当たり当期純利益に関する会計基準」（改正平成22年6月30日）：［1株当たり当期純利益会計基準］
企業会計基準第5号「貸借対照表の純資産の部の表示に関する会計基準」（改正2021年1月28日）：［純資産会計基準］
企業会計基準第6号「株主資本等変動計算書に関する会計基準」（改正平成25年9月13日）：［株主資本等変動計算書会計基準］
企業会計基適用指針第9号「株主資本等変動計算書に関する会計基準の適用指針」（改正

2021 年 9 月 13 日）：[株主資本等変動計算書適用指針]

企業会計基準第 9 号「棚卸資産の評価に関する会計基準」（改正平成 20 年 9 月 26 日）：[棚卸資産会計基準]

企業会計基準第 10 号「金融商品に関する会計基準」（最終改正平成 20 年 3 月 10 日）：[金融商品会計基準]

会計制度委員会報告第 14 号「金融商品会計に関する実務指針」（最終改正平成 21 年 6 月 9 日）：[金融商品会計実務指針]

企業会計基準第 13 号「リース取引に関する会計基準」（改正平成 19 年 3 月 30 日）：[リース会計基準]

企業会計基適用指針第 16 号「リース取引に関する会計基準の適用指針」（改正平成 19 年 3 月 30 日）：[リース会計適用指針]

企業会計基準第 15 号「工事契約に関する会計基準」（平成 19 年 12 月 27 日）：[工事契約会計基準]

企業会計基準第 16 号「持分法に関する会計基準」（平成 20 年 12 月 26 日）：[持分法会計基準]

企業会計基準第 17 号「セグメント情報等の開示に関する会計基準」（平成 22 年 6 月 30 日）：[セグメント会計基準]

企業会計基準第 18 号「資産除去債務に関する会計基準」（平成 20 年 3 月 31 日）：[資産除去債務会計基準]

企業会計基準第 21 号「企業結合に関する会計基準」（改正平成 25 年 9 月 13 日）：[企業結合会計基準]

企業会計基準第 22 号「連結財務諸表に関する会計基準」（最終改正平成 25 年 9 月 13 日）：[連結会計基準]

企業会計基準適用指針第 22 号「連結財務諸表における子会社及び関連会社の範囲の決定に関する適用指針」（最終改正平成 23 年 3 月 25 日）：[連結会計適用指針]

企業会計基準第 24 号「会計上の変更及び誤謬の訂正に関する会計基準」（平成 21 年 12 月 4 日）：[会計上の変更等会計基準]

企業会計基準第 25 号「包括利益の表示に関する会計基準」（改正平成 25 年 9 月 13 日）：[包括利益会計基準]

企業会計基準適用指針第 26 号「繰延税金資産の回収可能性に関する適用指針」（平成 27 年 12 月 28 日）：[繰延税金資産適用指針]

企業会計基準委員会・実務対応報告第 19 号「繰延資産の会計処理に関する当面の取扱い」（改正平成 22 年 2 月 19 日）：[繰延資産実務対応]

企業会計基準第 28 号「税効果会計に係る会計基準」の一部改正（平成 30 年 2 月 16 日）[税効果改正基準]

企業会計基準第 29 号「収益認識に関する会計基準」（平成 30 年 3 月 30 日）[収益認識会計基準]

企業会計基準適用指針第 30 号「収益認識に関する会計基準の適用指針」」(平成 30 年 3 月 30 日)［収益認識適用指針］

企業会計基準委員会「修正国際基準の適用」((最終改正 2017 年 10 月 31 日)［修正国際基準］

「金融商品取引法」(最終更新平成 29 年 6 月 2 日)：［金商法］

「財務諸表等規則 (財務諸表等の用語, 様式及び作成方法に関する規則)」(最終改正平成 30 年 3 月 23 日／6 月 8 日)：［財規］

「連結財務諸表規則 (連結財務諸表の用語, 様式及び作成方法に関する規則)」(最終改正平成 30 年 3 月 23 日／6 月 8 日年 9 月 30 日)：［連結財規］

「会社法」(最終更新平成 29 年 6 月 2 日)

「会社計算規則」(最終改正平成 30 年 3 月 26 日, 一部改正平成 30 年 10 月 15 日)：［計規］

索　引

英　数

1年基準 ·· 61, 104
EBIT ·· 189
EBITDA ·· 189
EDINET ·· 110
EPS ·· 196
IFRS ························· 10, 11, 120, 171, 182
MS比率 ·· 191
PER ·· 196
ROE ··· 196

あ　行

アドプション ·· 11
粗キャッシュ・フロー ················ 76, 148, 149
安全性の原則 ·· 98
意思決定機関 ·· 120
一取引基準 ·· 164
移動平均法 ·· 66
インカム・アプローチ ·················· 183, 184
インプレストシステム ································· 64
営業外活動 ·· 27
営業活動 ·· 26, 27, 61
営業循環過程 ·· 61
営業循環基準 ······································· 61, 104
エンドースメント ··· 11
オプション取引 ·· 160
オフバランス ·· 173
親会社概念 ·· 122
オンバランス ······································ 170, 173

か　行

会計公準 ·· 15
会計方針 ·· 117
解散企業 ·· 53
会社分割差益 ·· 89
会社法 ·· 9
会社法会計 ··································· 9, 109, 110
会社法開示 ·· 109
回収可能価額 ·· 168
回収可能性 ·· 168
開発費 ·· 79
確定給付型 ·· 167
合併差益 ·· 89
過度の保守主義 ·· 98
株式移転差益 ·· 89
株式交換差益 ·· 89
貨幣性資産 ·· 59
貨幣的測定の公準 ·· 16
加法性 ·· 14
関係会社 ·· 78
勘定分類の公準 ·· 16
間接開示 ·· 110
企業実体の公準 ·· 15
基準資本金額 ·· 93
機能別分類 ·· 30
逆基準性 ·· 151
級数法 ·· 71
業績測定利益 ·· 26
金商法会計 ·· 9
金商法開示 ·· 109
金融商品取引法 ·· 9
金融商品取引法会計 ··························· 9, 109

繰越利益剰余金	91
繰延ヘッジ会計	161, 162
繰延ヘッジ損益	94
経営安全性	191
経営活動	26
経営資本	188, 192
経営成績	3, 26
経営の3要素	30, 101
経済的単一体概念	122
計算書類	110
継続企業	54
継続企業の公準	15
継続記録法	48
継続性の原則	97
契約負債	42, 87
原価計算	7
減価の発生原因	70
現金同等物	139
現在価値	106, 183
減資	91
検収基準	40
建設仮勘定	70
減損損失	168, 169
現代会計	8
広義の制度会計	9, 10, 95
工業所有権	77
公告	110
工事完成基準	37
工事進行基準	37
工事損失引当金	46
公準	14
公正価値	106, 181, 182
公正価値のヒエラルキー	184
国際会計基準	11
国際財務報告基準	11, 120
小口現金	64
コスト・アプローチ	183, 184
固定性配列法	62
個別法	66
混合測定	34, 57, 107
コンバージェンス	11

さ 行

財産計算目的	25, 53
財産法	54
財産目録	53
財政状態	2, 58, 63
再調達原価	106
財務三表	137
財務諸表三本化	137
債務性のない引当金	86
先入先出法	66
先物取引	160
先渡取引	160
酸性試験比率	186
仕掛品	65
時価ヘッジ会計	161, 162
時間基準	38
事業セグメント	135
事業持株会社	134
自己株式	92
自己金融	75
自己資本	188, 189
自己資本当期純利益率	173
資産負債アプローチ	46, 57
実効利子率	157
実質的確定決算主義	151
実地棚卸法	53
指定国際会計基準	11
支配の移転	39
資本準備金	89
資本取引	97
資本の部	55

社債発行費等	79
写像	1, 56
収益費用アプローチ	46, 49, 55, 58
収穫基準	38
修正国際基準	11
重要性の原則	96, 103
重要な情報	97
受託責任	7, 9, 109
取得原価主義会計	8, 34, 55
シュマーレンバッハ	54
純財産増加説	25
消化仕入取引	40
使用価値	168, 181
償却原価法	156, 158
償却性資産	70
条件付債務	86
情報提供目的	8, 56, 151
正味実現可能価額	38, 106
正味売却価額	69, 106, 168
剰余金区分の原則	96
将来の経済的便益	57
処分可能利益	26
仕訳ルール	18
新株予約権	82, 94
新株予約権付社債	85
真実性の原則	96
慎重性の原則	98
スワップ取引	160
正規の簿記の原則	96
生産高比例法	73
静的会計観	54
製品ライフサイクル	197
税法	10
全面時価評価法	121
総合償却	74
増資	91
総資本	167, 188, 189, 192
総資本当期純利益率	173
総資本負債比率	173
相対的完全性	99, 103
相対的真実性	96
総平均法	66
その他の包括利益累計額	123, 124, 129
その他有価証券評価差額金	94
ソフトウェア	45, 77
損益計算目的	54, 151
損益取引	97
損益法	55

た 行

貸借対照表能力	105
退職給付に係る調整累計額	123, 178
他人資本	189
単一性の原則	98
単式簿記	1
長期資本	186
直接開示	110
貯蔵品	65
定額法	71
低価法	66, 69
定率法	71
伝統的会計	8
当座比率	65
投資有価証券	78
動的会計論	54
独占禁止法改正	134
特定会社	11, 120
取替資産	49
取引価格	39, 41, 42
取引の8要素	18

な 行

内部財務 …………………………………… 75
二重帳簿 …………………………………… 98
二取引基準 ………………………………… 164
任意積立金 ………………………………… 90
のれん ………………………………… 76, 121
ノン・キャンセラブル …………………… 171

は 行

売価還元原価法 …………………………… 68
配当禁止 …………………………………… 92
売買目的有価証券 ………………………… 65
発生源泉別分類 …………………………… 30
非貨幣性資産 ……………………………… 59
非現金費用 ………………………………… 75
評価・換算差額等 …………………… 81, 94
費用収益差額説 …………………………… 26
費用性資産 ………………………………… 105
複合金融商品 ……………………………… 155
複式簿記 ………………………………… 1, 2
負数忌避 …………………………………… 14
負ののれん …………………………… 77, 121
フリーキャッシュ・フロー ……………… 197
フル・ペイアウト ………………………… 171
平均原価法 ………………………………… 66
別途積立金 ………………………………… 90
返金負債 ……………………………… 43, 87
変動対価 ……………………………… 41, 44
返品資産 …………………………………… 43

法人税等 …………………………………… 30
法人税等調整額 …………………………… 30
ホールディングス ………………………… 119
保守主義の原則 …………………………… 98

ま 行

マーケット・アプローチ ………… 183, 184
前払年金費用 ………………………… 174, 175
未解消項目 ………………………………… 55
見積計上法 ………………………………… 48
明瞭性の原則 ……………………………… 97
目標利益達成点 …………………………… 193

や 行

有価証券報告書提出会社 ………… 110, 111
誘導法 ………………………………… 17, 54

ら 行

利益準備金 ………………………………… 90
利息費用 ……………………………… 175, 179, 180
利息法 ………………………………… 156, 157, 158
流動性配列法 ………………………… 62, 104
流動比率 …………………………………… 62
両建処理 ……………………………… 178, 180
臨時開示 …………………………………… 110
ルカ・パチオリ …………………………… 2
連結会社 …………………………………… 125
連結財務諸表 ……………………………… 119

【著者紹介】

郡司　健（ぐんじ　たけし）

大阪学院大学総合学術研究所教授・大学院商学研究科教授兼担
経営学博士（県立神戸商科大学）
公認会計士試験委員（2006 年 12 月～ 2010 年 2 月）
日本会計研究学会太田・黒澤賞（2001 年）
日本経営分析学会功績賞（2017 年）

【主要著書】
『企業情報会計』中央経済社（1984 年）
『現代会計の基礎－発生主義会計の展開と情報開示－』中央経済社（1989 年）
『未来指向的会計の理論』中央経済社（1992 年）
『現代会計報告の理論』中央経済社（1998 年）
『現代基本会計学』税務経理協会（1999 年）
『連結会計制度論－ドイツ連結会計報告の国際化対応－』中央経済社（2000 年）（平成 13 年度日本会計研究学会太田・黒澤賞受賞）
『現代会計構造の基礎』中央経済社（2006 年）
『ケーファー簿記・貸借対照表論の基礎』（安平昭二博士と共訳）中央経済社（2006 年）
『最新財務諸表会計［第 5 版］』中央経済社（2009 年；初版，1994 年）
『財務諸表会計の基礎』中央経済社（2012 年）
『簿記会計のエッセンス』（編著）晃洋書房（2016 年）
『現代財務会計のエッセンス』中央経済社（2017 年）
『現代簿記会計の基礎』（共編著）中央経済社（2020 年）

現代会計の基礎と応用

| 2019年3月1日 | 第1版第1刷発行 |
| 2023年4月5日 | 第1版第6刷発行 |

著者　郡　司　　　健
発行者　山　本　　　継
発行所　㈱中央経済社
発売元　㈱中央経済グループ
　　　　パブリッシング

〒101-0051　東京都千代田区神田神保町1-31-2
電話　03（3293）3371（編集代表）
　　　03（3293）3381（営業代表）
https://www.chuokeizai.co.jp
印刷／文唱堂印刷㈱
製本／㈲井上製本所

©2019
Printed in Japan

＊頁の「欠落」や「順序違い」などがありましたらお取り替えいたしますので発売元までご送付ください。（送料小社負担）
ISBN978-4-502-29211-8　C3034

JCOPY〈出版者著作権管理機構委託出版物〉本書を無断で複写複製（コピー）することは，著作権法上の例外を除き，禁じられています。本書をコピーされる場合は事前に出版者著作権管理機構（JCOPY）の許諾を受けてください。
JCOPY〈https://www.jcopy.or.jp　eメール：info@jcopy.or.jp〉